カヴール

イタリアを創った稀代の政治家

藤澤房俊 • Fusatoshi Fujisawa

太陽出版

カヴール——イタリアを創った稀代の政治家

Alla famiglia Gastaldo

Giovanna e Piero

Monica e Francesco

Arturo e Leo

はじめに

カミッロ・ベンソ・ディ・カヴール（Camillo Benso di Cavour 一八一〇〜一八六一、以下カヴールと表記）は、一八六一年に国民国家「イタリア」を樹立した、一九世紀ヨーロッパの稀代の政治家である。

かれは、「偉大な政治とは、大胆な解決である」として、一八四八年革命後にヨーロッパで生じた地殻変動を動物的な嗅覚で嗅ぎとり、イタリア半島に野心を持つナポレオン三世を利用し、オーストリアからの独立を実現し、「イタリア」を統一へと導いた。メッテルニヒが地理的名称といったイタリアは国民国家「イタリア」として誕生したが、それはメッテルニヒが一九世紀前半に推進した反動的なウィーン体制を崩壊させたヨーロッパの大事件であった。

日本はイタリアより遅れること七年、一八六八年に国民国家を樹立している。明治時代の平田久は、イタリア建国の三傑として、序幕を演じたマッツィーニ、本幕を演じたガリバルディ、打ち出しを演じたカヴールをあげている。

平田久は、マッツィーニを「地を耕し、種を播き、木を育て」た「革命の預言者」、ガリバルディを「熟せる実を蒐め」た「革命の侠客」、カヴールを「収穫の利益を全うせり」、「革命の政治家」として、三傑の特徴をあげている。その比喩は言い得て妙である。

ドイツでは、イタリアから一〇年遅れた一八七一年、プロイセンのビスマルクがドイツ帝国を樹立した。イタリア近現代史はドイツのそれとしばしば比較される。たとえば、イタリアは自由主義国家を樹立したが、強力ではなかった。ドイツは強力な国家を樹立したが、自由主義的ではなかった、などである。

国民国家「イタリア」の誕生は、歴史家カファーニャによれば、「帝王切開」によるものであった。「帝王切開」とは国民国家「イタリア」の誕生がいかに困難であったかを表現したものである。その誕生を主導したのが、北イタリアのサルデーニャ王国（首都トリーノの位置するピエモンテという地名から、サルデーニャ王国と同義的にピエモンテと呼ぶ）の首相カヴールであった。

カヴールは、「まさしくヨーロッパ的人物」（デ・ルッジェーロ）と評され、イタリア人ではなく、「ヨーロッパ人」といわれた。カヴールは、もっぱらフランス語を話し、政治的にも文化的にもイタリアへのアイデンティティが弱かった。かれは、ミラーノに二度、フィレンツェに一度しか訪れておらず、ローマには足を踏み入れたことがない。カヴールは、「イタリアの文化的な伝統とはかかわりが薄く」（シャボー）、「加工されて、あるいは手術を受けて」、イタリア人になった。

カヴールは、生まれ育ったピエモンテをイギリス・フランスのような自由主義的国家にし、イタリア諸邦を牽引することを目標とした。かれの頭には、現在のようなイタリアを領土とする統一国家は、それが実現する最終局面まで存在しなかった。「ヨーロッパ人」としてのカヴールがイタリアを誕生させたことについて、前掲のカファーニャは「イタリア近代史のパラドックス」という。

本書は、「ヨーロッパ人」と呼ばれたカヴールが、一九世紀後半のヨーロッパ国際政治をタイトロープをわたるように切り抜け、「政治的な傑作」（クローチェ）とも形容される統一国家「イタリア」を樹立した、「イタリア近代史のパラドックス」を明らかにする。

目次

序章　三人のアクターが演じたイタリア統一

本論にはいる前に、イタリアがオーストリアからの独立と、分裂した諸邦の統一をめざす、一九世紀のリソルジメント運動について、簡単に述べておこう。

イタリア半島では、各邦が分裂し、外国勢力が支配する時代が長く続いた。一七世紀は実質的にスペインが、一八世紀にはいるとオーストリアがイタリア半島を支配した。フランス革命・ナポレオン時代に、イタリア半島はフランスの支配下におかれた。

ナポレオン失墜後のウィーン会議によって、イタリア半島は次のような領土編成が行われた。北イタリアには、フランスと国境を接するサルデーニャ王国（ピエモンテ・サヴォイア・リグーリア・ニッツァ・サルデーニャ島を領地とする）、オーストリア皇帝が国王を兼ね、直接的に支配するミラーノとヴェネツィアからなるロンバルド・ヴェーネト王国が配置された。

中部イタリアには、ナポレオンの妻であったハプスブルク家のマリーア・ルイーザが支配するパルマ公国、ハプスブルク・エステ家が支配するモーデナ公国、ハプスブルク・ロレーヌ家が支配するトスカーナ大公国が存在した。

ローマを中心に中部イタリアのボローニャをも含む広大な領土の教会国家は、国王と同じく世俗権を有する教皇が支配し、カトリック大国オーストリアの強い影響を受けていた。南イタリアとシチリアは、ハプスブルク家と姻戚関係のあるスペイン・ブルボン家が両シチリア王国として支配した。

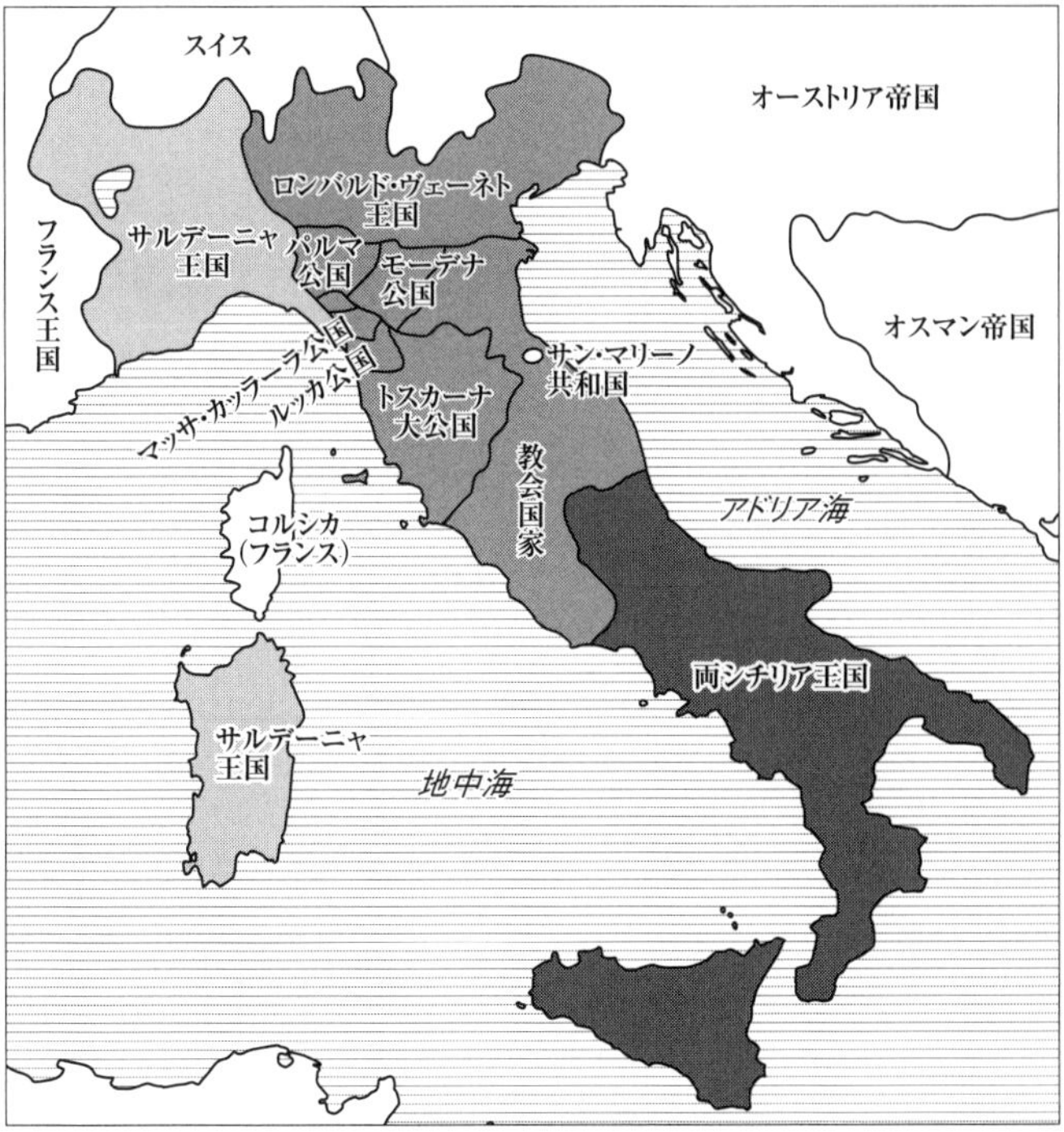
スイス
オーストリア帝国
ロンバルド・ヴェーネト王国
フランス王国
サルデーニャ王国
パルマ公国
モーデナ公国
オスマン帝国
マッサ・カッラーラ公国
ルッカ公国
サン・マリーノ共和国
トスカーナ大公国
教会国家
アドリア海
コルシカ(フランス)
両シチリア王国
サルデーニャ王国
地中海

1815年のイタリア

オーストリアの直接的・間接的な支配下におかれた、ウィーン体制下のイタリア半島で、近代的な軍隊と官僚制度を備えたサルデーニャ王国が、オーストリアが支配する、経済的に豊かなロンバルディーアへの領土拡大を望んでいた。

フランス革命・ナポレオン支配時代に起源を持つ、近代イタリアのナショナリズム、すなわちリソルジメント運動について、前掲のカファーニャは、一九八五年九月にローマで開催された第一回日伊歴史会議「イタリアの自由主義国家と明治時代」で、「六人のアクター（演者、役者）が演じた試合」として論じている。

六人のアクターは、保守的な三つの勢力――オーストリア支配のロンバルド・ヴェーネト王国、教会国家、両シチリア王国――と、改革的な三つの勢力――サルデーニャ王国、自由主義的改革をめざす穏和的自由主義者、共和主義革命を志向する民主主義者――である。

リソルジメント運動は、一八四八〜五九年の「イタリア統一を準備した」一〇年間に、三つの改革勢力の対立・協力が複雑に絡みあって、展開を見ることになる。カヴールは、その一〇年間に政治家として活躍し、イタリア王国を樹立した。

I

幼年時代

カヴールの誕生

カヴールは、一八一〇年八月一〇日、カヴール家の次男として、サルデーニャ王国の首都トリーノで生まれた。父はミケーレ・アントーニオ・カヴール侯爵、母はジュネーヴの銀行家の娘で、結婚後にカトリックに改宗するユグノー派のアデーレ・デ・セロンである。

カヴールが生まれた時、トリーノはナポレオン皇帝によるフランス帝国の一部であった。カヴールはフランス帝国の臣民として生まれたのである。カヴールの名付け親はナポレオンのイタリア支配を補佐する執政官であったカミッロ・ボルゲーゼ公（ナポレオン一世の妹パオリーナ・ボナパルトの夫）で、自分の名前カミッロをカヴールに与えた。

ナポレオン支配時代はカヴール家の「黄金時代」（ロメーオ）であった。ミケーレ・カヴール侯爵は、カミッロ・ボルゲーゼ公を後ろ盾に、レーリの国有化された修道院の払い下げを受けて、九〇〇〇ヘクタールの広大な農地を獲得している。

カヴールが生まれてから四年後の一八一四年、ナポレオン時代は終わった。ヨーロッパ諸国と同様に、サルデーニャ王国もまた、時計の針が二五年前のフランス革命以前に戻り、復古体制となった。ジェーノヴァ共和国が併合され、領土を拡大したサルデーニャ王国は、ウィーン体制下にあって、フランスにたいする防波堤と位置づけられた。

ナポレオン支配に協力したカヴール家の運命は復古体制下で暗転するかに思われた。だが、カヴール家は、避難先のサルデーニャ島からトリーノに戻ったサヴォイア王家との特権的な関係を維持した。

カルボネリーアの活動

復古体制に戻ったとはいえ、フランス革命とナポレオン支配時代に吸い込んだ新しい政治思想を消し去ることは不可能であった。自由と平等の思想に目覚めた多くの若者は、オーストリアの専制的な支配に抗して、秘密結社カルボネリーアによる改革運動に加わった。中部イタリアのパルマを舞台とするスタンダールの『パルムの僧院』では、カルボネリーアに参加した若者が描かれている。

図版1−1　1729年に建築されたカヴールの生家

詩人のシルヴィオ・ペッリコは、カルボネリーア員として逮捕され、スピールベルグ（現在はチェコのモラヴィア）の獄で過酷な生活を余儀なくされた。かれが獄中生活を赤裸々に綴った『わが獄中記』は、多くの若者を愛国思想に目覚めさせた。ミラーノの貴族フェデリーコ・コンファロニエーリは、復古時代に、文学雑誌『イル・コンチリアトーレ』誌を創刊し、一八二一年に起こった憲法を要求する運動に参加し、オーストリア警察に逮捕された。かれも、ペッリコとともに、スピールベルグの獄で過ごしている。

カヴールより五歳年上の、「イタリア民族」を発見したといわれるジュゼッペ・マッツィーニは、ジェーノヴァでカルボネリーア員として逮捕された。釈放後、かれは、閉鎖的で、政治目標が明確でないカルボネリーアを批判し、「近代的な政党」(デッラ・ペルータ)である「青年イタリア」を一八三一年中葉に、亡命地マルセーユで結成した。

ちなみに、二〇一六年のイタリア統一一五〇周年を記念して製作されたマーリオ・マルトーネ監督の映画『われわれは信じていた』で描かれたように、「青年イタリア」は多くの若者を共和制によるイタリア統一運動に駆り立てた。

復古時代のトリーノ

カヴールは、憂鬱で、窒息しそうな、「道義的な基盤が欠落」した復古時代を、のちに「古き良き時代」と皮肉を込めて呼んでいる。かれは、復古時代のトリーノについて、母方の従兄弟オーギュスト・デ・ラ・リーヴ宛の書簡で次のように記している。

あなたたちは(トリーノを)地獄といったが、それは当たっています。わたしは知識や科学が魔物のようにみなされる一種の知的地獄のなかで生活しています。この二ヵ月間、無知と迷信に満ちた空気を吸っています。

「太っちょ」のカミッロ

カヴールは、貴族の伝統的な習慣に従って、学校には通わず、家庭教師から基礎教育を受けている。かれは、小太りであったことから「太っちょ」gros と家族から呼ばれていた。

四歳年上の思索的で、信仰心の厚い兄グスターヴォは、経済学などを学び、外務省につとめ、カヴール家の家督と侯爵の称号を継承した。次男のカヴールは好奇心旺盛、自由奔放

図版1―2　イギリス人のウィリアム・ブロッケドンが描いた少年時代のカヴール

図版1―3　カヴールの署名

で、勉強にはあまり関心がなかった。カヴールは伯爵の称号を得たが、かれは貴族の称号を好まず、称号抜きの C. Cavour と署名するようになる。

ただ、かれは貴族としてのエリート意識を失うことはなかった。ブルジョア出身のミケランジェロ・カステッリは、カヴールがジャーナリスト、政治家として活躍していた時から胸襟を開いて話し合える、信頼する友人であった。しかし、カヴールは、かれに親しい人間に使用する二人称単数の tu は決して使わなかった（ヴィアレンゴ）。

II 士官学校時代

聖職者か軍人か

ピエモンテは、ブルジョア出身者の将校や大臣は存在したが、何よりも貴族が優先される社会であった。貴族の家庭では、家督を継がない次男は、軍人か聖職者になるのが慣例であった。次男のカヴールには、「国王の軍隊かキリストの軍隊」、すなわち「将軍か聖職者」の二つの選択肢があった。かれは第一の道を選択した。一〇歳になったカヴールは、サヴォイア王家に忠誠を尽くす軍人養成を目的とする、創設されて間もないトリーノの王立陸軍士官学校に入学した。

士官学校の生活は、朝五時の起床に始まり、夕方まで途切れることなくカリキュラムが組まれていた。一日の生活は朝のミサに始まり、就寝前の夜の祈りで終わる。自由奔放に生活をしてきた少年カヴールにとって、士官学校の規則正しい生活と厳しい規律は、「罰」が与えられたように感じたようである。

士官学校では、軍事教育・軍事訓練のほかに、イタリア語・ラテン語・フランス語・古代史・地理・算数・幾何などの基礎教育、イエズス会士による宗教教育を受けた。集団生活にも慣れ、競争心が起こり、勉学意欲も向上したカヴールは、とくに数学で優秀な成績を修めている。しかし、イタリア語の成績は芳しくなかった。

フランスと国境を接するピエモンテでは、フランス語が公用語に等しいものであった。当時のヨーロッパの国々がそうであったように、ピエモンテの貴族や知識人にとって、フランス語は必須であった。カヴール家でも、フランス語が日常的に使用されていた。

カヴールにとって、イタリア語は学んだ言葉であった。かれは首相になってからも、国会演説をイタリア語ではなくフランス語で行っている。書簡はもちろんのこと、論文もフランス語

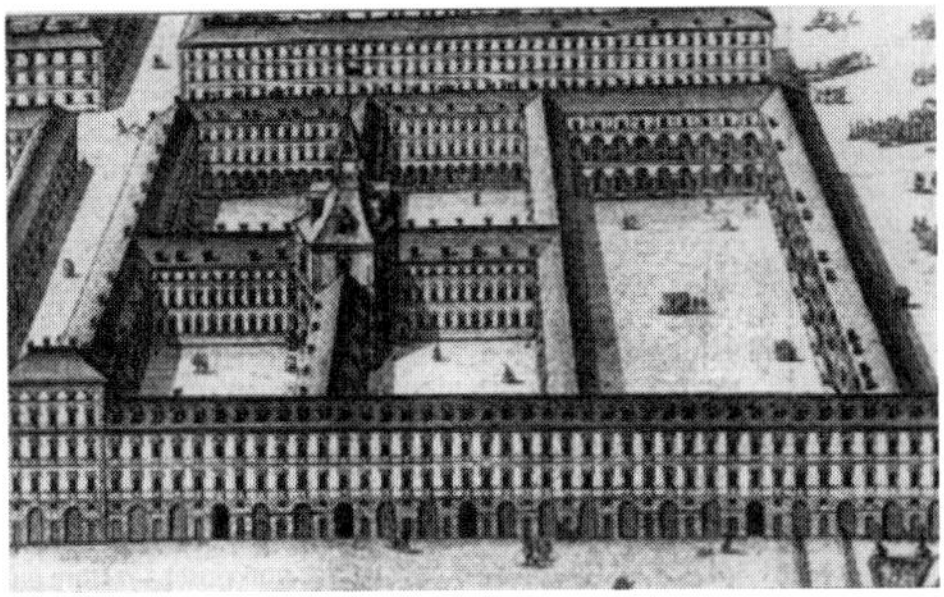

図版2−1　士官学校の図面

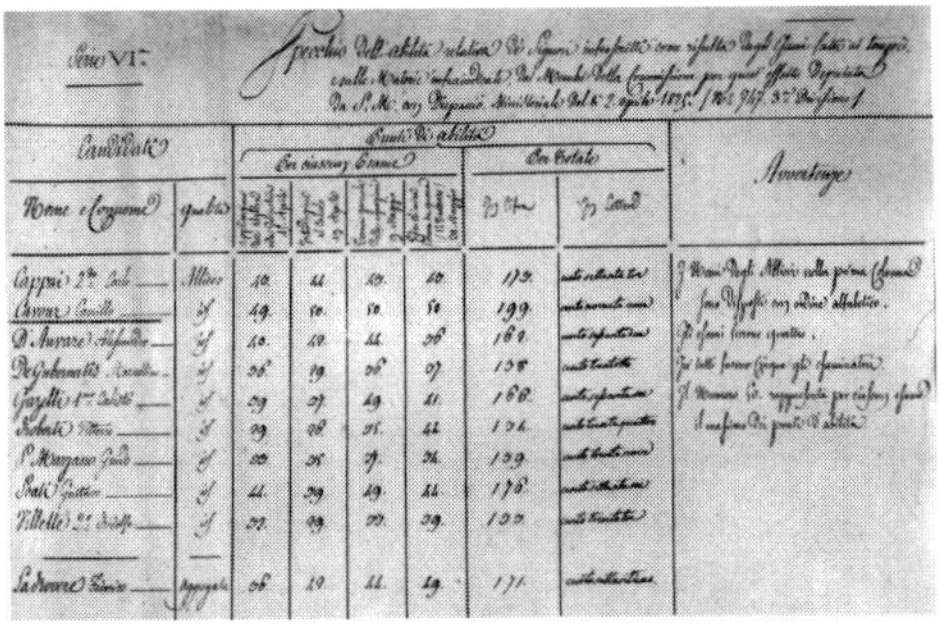

図版2−2　士官学校の成績表

で書いている。

希薄なイタリア文学の素養

カヴールは、マッツィーニのような同時代の愛国的青年が影響を受けたアルフィエーリやフォスコロの文学作品に感化されていない。カヴールの少年時代の日記からは、シェークスピアやモリエールの著作を読んだことがわかるが、イタリア文学を読んだ形跡はない。

カヴールは、イタリアの知識人の多くが文化的なよりどころとしたダンテよりも、一七世紀フランスの劇作家であるジャン・バティスト・ラシーヌやピエール・コルネイユになじんでいた。カヴールは、「イタリアの文化的伝統とは疎遠であった」(シャボー)。

カヴールは、後年(一八四三年八月二四日)、従兄弟のデ・ラ・リーヴに、「若いころ、誰もわたしに書くことを教えなかったし、修辞学も、ましてや人文学の教授もいなかった。あらゆる知的教育の基本である文学の勉強がいかに重要であるかがわかったのが、なんとも、あまりにも遅すぎた」と書いている。

しかし、カヴールがイタリア文化との結びつきが弱く、イギリスやフランスの経済や政治の知識に通じていたことは、ヨーロッパ列強との外交が決定的に重要な時期において「幸運」であった、と指摘するのはカファーニャである。

一八二一年の立憲革命

カヴールが士官学校一年生の一八二一年、トリーノで立憲革命が起こった。それは、前年にナーポリで起こったカルボネリーア員の青年将校を中心とする立憲革命、プロヌンチャメントに影響を受けたものであった。

トリーノの自由主義的な大学生や青年将校は、国王の権限を制限し、政治的自由を保障する憲法を要求した。革命はオーストリア軍に鎮圧され、失敗に終わる。革命参加者に厳しい処罰が行われ、多くの亡命者を出した。

カヴール家と親戚関係にあったサントッレ・ディ・サンタローザのように、多くの貴族の若者が革命に参加したことで、貴族階層に衝撃が走った。一一歳のカヴールにも影響を与えた。カヴールは、過激な思想を持つ、上級生のセヴェリーノ・カッシォ男爵と知り合い、イタリアの民族的な理想や使命について議論するようになる。

カッシォは、イタリアを創る「有能な建築家は君以外にはいない」と書き送っているように、カヴールに政治家としての天賦の才を認めている。しかし、息子が自由主義思想に感化されることを恐れた父親のミケーレ侯爵は、カッシォから強引にカヴールを引き離した。

ミケーレ侯爵は、士官学校時代のカヴールについて、行軍中は「いつも手にはミーカを、口には歴史を」と、妻アデーレに語ったという。ミーカとは、ピエモンテの方言で、大きな丸いパンである。一二六センチしかなかった小柄のカヴールが行軍中にパンをかじりながら、歴史の逸話を仲間に話している姿である。

近習となったカヴール

カヴールは、士官学校四年生の時に、ミケーレ侯爵の働きかけによって、摂政カルロ・アルベルト公の近習lacchè となった。近習とは、王室に仕える、一〇歳半ばくらいまでの貴族出身の子弟で、江戸時代の小姓にあたる。

図版2−3　士官学校の制服。真ん中が近習の赤い制服

父親にとって息子が近習となったことは名誉なことであったが、カヴールはそうではなかった。カヴールは、公妃マリーア・テレーザの馬車に乗って、トリーノの街を走ることになった。深紅の制服を着せられたお飾りに過ぎない近習に、「近習の制服を着なければならないことにうんざりする」と不満を漏らしている。士官学校を終える時に、「やっとのことで、この海老色の制服から解放される」と公言したという。

その発言は、士官学校という小さな世界で、直ちにカルロ・アルベルト公の知るところとなった。

反抗心が強く、自由主義思想に関心を寄せ、素行が芳しくなかったカヴールに激怒したカルロ・アルベルト公は、「小さなカミッロ・カヴールはジャコビーノ（過激なことをするもの）なので、放り出した」と日記に書いている。

カヴールが仕えた三人の国王

カヴールは、たとえ国王と対立することがあっても、「徹頭徹尾ピエモンテ人」（ジョルジョ・パッラヴィチーノ）で、サヴォイア王家に終生忠誠を尽くした。一八三八年五月のフランスの女流作家メラニー・ヴァルドール宛の書簡で、カヴール自身も全生涯において献身する祖国はピエモンテであり、それと不可分であると記している。

サヴォイア王家に忠誠を尽くした、ピエモンテ貴族のカヴールを理解するために、かれが仕えた三人の国王について触れておこう。

一八二一年の立憲革命後、ヴィットーリオ・エマヌエーレ一世は弟のカルロ・フェリーチェに王位を譲り、退位した。すでに五〇歳を過ぎていたカルロ・フェリーチェは王位継承の可能性は低かったが、兄たちに男子の後継者がいなかったことで、王位を継承した。

国王となったカルロ・フェリーチェは、秩序回復のためにオーストリアに援軍を求め、一八二三年までピエモンテに駐屯させ、反動的支配を強化した。かれは、革命に参加した愛国者たちを無慈悲に弾圧したことから、フェリーチェ（Felice 幸せな）ではなく、フェローチェ（Feroce 残忍な）と揶揄された。

カルロ・フェリーチェ王は、サヴォイア王家分家のカリニャーノ公カルロ・アルベルトを摂政とした。サヴォイア王家は、ヨーロッパのほかの王家と同様に、サリカ法典に依拠し、男子のみが王位に就くことができた。後継の男子がいない場合は、君主と強い血縁関係にある家系のものが国王となった。

男子の後継者がいなかったカルロ・フェリーチェ王が一八三一年に死去すると、摂政をつとめていたカリニャーノ家のカルロ・アルベルト公が王位を継いだ。かれは、一八二一年に憲法を要求する青年将校に理解を示し、自由主義者とみなされたが、オーストリア軍の軍事介入を認めた人物であった。

カルロ・アルベルト王は、マッツィーニが結成した「青年イタリア」による共和主義の蜂起をめざしたサヴォイア侵入事件（一八三三年）を厳しく弾圧した。その時、マッツィーニとガリバルディは欠席裁判で死刑宣告を受けている。

決断力に欠く「躊躇王」と揶揄されたカルロ・アルベルト王は、後述するように、一八四八年に憲法を要求する運動が高まると、憲章を発布した。それは、カルロ・アルベルト憲章と呼ばれ、歴史に名を残すことになる。

かれは、「自らイタリアをなす」として、一八四八年に、ハプスブルク家支配のロンバルド・ヴェーネト王国の解放をめざして、オーストリア軍と戦った。しかし、ラデッキー将軍率いるオーストリア軍にクストーザで敗北した。翌四九年に再び、オーストリア軍に戦いを挑むも、ノヴァーラで屈辱的な敗北を喫した。その敗戦の責任をとって、かれは退位し、ポルトガルに住まいを移した。

カルロ・アルベルト王に代わって王位を継承したのが、息子のヴィットーリオ・エマヌエーレ二世である。カヴールは、時にはヴィットーリオ・エマヌエーレ二世を口汚く罵り、激しく対立しながらも、かれをイタリア王国初代国王にした。

自由思想を育んだジュネーヴ

カヴールの政治思想は、カファーニャによれば、「一八歳から二五歳の間」に形成された。それは、フランスの七月革命に先立つころから、パリとロンドンを初めて訪ねた一八三五年の間である。それ以前に、カヴールが幼年時代にしばしば滞在した、母方の親戚が住むジュネーヴの宗教的に寛容で、自由で、活発な政治的環境が、かれの思想形成に大きな影響を与えている。「クルミのような小さな世界」と形容されるジュネーヴは、「あらゆる分野で才能ある人がいて、それがあたかも都市の共有財産となっていた」（シスモンディ）。ジュネーヴが、カヴールの「ヨーロッパ人」となる原点であったことは間違いない。

デ・ラ・リーヴは記しているように、カヴールは「ブロンドで、快活で、ユーモアにあふれ、生まれついて精神的・文化的に自由主義者であった」。その生来の自由主義的思想に加えて、ジュネーヴの母方の親戚である、自由思想の持ち主である叔父のジャン・ジャック・デ・セロン、九歳年上の従兄弟のデ・ラ・リーヴからの影響を受けて、自由主義者カヴールが形成された。カヴールの自由主義の思想は、書物から学んだというよりは、知的環境のなかで育まれたものであった。

カヴールは人間の尊厳と創造力を増大させる、知的・精神的な進歩を確信する、「自由主義文化の申し子」（ロメーオ）であった。カヴールは「心理的にはきわめて権威的な気質であることは疑いないが、実質的には自由主義者であった。二つの側面が対立することは全くなかった」（カファーニャ）。

カヴールの自由主義は、能動的、挑戦的、ダイナミック、改良主義的であった。かれは、自由主義者であるが革命的ではなく、保守的であるが反動的ではない、いわゆる穏和的政治的立場をとることになる。

Ⅲ 青年将校時代

工兵将校

カヴールには、士官学校を卒業する時、砲兵か工兵の二つの選択肢があった。かれは、科学的な専門知識を必要とする工兵を選んだ。おそらく、小柄の体格であったことや、数学に秀でていたことが工兵を選んだ理由であろう。

かれは、トリーノの工兵隊本部に一年間勤務したあと、リグーリアのヴェンティミーリアなどの城塞建築・補修に従事することになる。僻地の生活は刺激に乏しかったが、その時期に経済・政治・歴史の書物を読み漁っている。また、兄が送ってくれる新聞を通じて、かれは世界の政治動向を知ることができた。

工兵将校に任官された一八二八年一〇月から一八二九年八月までの時期は、「カヴールの知的・精神的形成にとって決定的に重要」(ターラモ)であった。この時期の読書を通じて、カヴールは、一八二九年三月のデ・セロン宛の書簡に見られるように、「世界の文明を前進させるために喜んで全生涯」を投ずることを決意している。

経済書を読み漁る

カヴールは、軍隊時代に、アダム・スミス、デヴィッド・リカード、ナッソー・ウィリアム・シーニア、トマス・ロバート・マルサスなど、イギリスの経済学者の著作を数多く読んでいる。

カヴールの経済思想には、経済的自由が「社会のあらゆる階級に等しく利益をもたらす」（ロメーオ）という考えが存在していた。カヴールは、経済的自由主義を、土地所有者階層に政治的権力の保持を保障する、社会の実質的進歩の手段と考えた。

カヴールの経済に関する関心は非常に強く、のちにパリではミシェル・シュヴァリエの経済学の講義に出席し、ロンドンでは経済学者のナッソー・ウィリアム・シーニアと接触している。トリーノでは、一八四六年からトリーノ大学に招聘されたナーポリ人の経済学者で、のちにイタリア王国の財務大臣をつとめるアントーニオ・シャローヤの講義を受けている。一八四九年にトリーノに亡命したシチリア人で、著名な経済学者フランチェスコ・フェッラーラの講義も、政治家として多忙な時に受講している。

反教権の思想

カヴールにとって、「自由」への願望は、絶対主義的で専制的なサヴォイア王家と、反動的なカトリック教会からの解放を意味していた。とりわけ、カヴールはカトリック教会にたいして批判的であった。カヴールの反教権主義は、フランチェスコ・ルッフィーニによれば、若い時から身体にしみ込んだものであった。カヴールは、一八二九年八月に叔父のデ・セロン宛の手紙に、「二たす二が三であると信じるように、教皇の不謬性を信じることは不可能である」、と記している。

カヴールの宗教観に影響を与えたのは、フランス人のバンジャマン・コンスタンである。カヴールは、一八二九年の時点で、コンスタンの影響を受けて、「宗教的真実とは人間の精神が到達可能な一般的真実とは全く異なる種類のもの」（ロメーオ）という認識を持った。カヴールの宗教観は、信仰ではなく、道徳的な感情において宗教を認める「自由主義的なカトリシズム」（ロメーオ）へと発展することになる。

復古時代のピエモンテでは、婚姻は教会法で規定され、教会には犯罪者をかくまうことができるアジール権と宗教裁判権が認められていた。イエズス会は、王室・反動的政治勢力と結合して、教育にたいする絶対的な影響力を行使していた。カヴールはイエズス会に「強烈な嫌悪感」を露わにし、のちに「もしイエズス会が存在しなければ、わが国ではプロイセンよりも優れた統治が行われているだろうし、現状は改善の方向に大きく前進していたことだろう」、と述べている。

カヴールにとって、カトリック教会こそが、近代市民社会の発展を阻害するものであった。反教権主義者のカヴールは、政治家になると、宗教と国家を分離した世俗的な国家をめざし、ピエモンテの政治・社会を近代的文明の要求に合致させる政策をとることになる。

中庸の思想

カヴールは、フランスの七月王政の首相をつとめた歴史家フランソワ・ギゾーをもっとも偉大な思想家、政治家として称賛し、かれの政治理念である中庸を生涯の政治的指針とした。

その中庸の思想は、「一八二一年にピエモンテの人々を駆り立てた立憲君主制の理想であった」（ヴィアレンゴ）が、カヴールは、それをギゾーの影響を受けて再評価した。

中庸とは、人民主権を主張する過激な民主主義者と、神が与えた王権を信じて疑わない頑迷な保守主義者の、「ちょうど真ん中」にとどまるという考えであった。カヴールにとって、中庸は、革命か保守的退嬰という二者択一ではなく、唯一承認できる行動様式、積極的な現実主義であった。カヴールは、革命でも保守反動でもない「中庸」の思想こそが、時代の要請にこたえるものだと確信し、それを政治的な指針としたのである。

カヴールは、一八三三年五月一三日付のデ・ラ・リーヴ宛の書簡で、自分は「中庸の立場」をとることになり、「社会的進歩を切望し、祈念し、働く忠実な中庸の支持者」になった、と記している。さらに、パリでギゾーの議会演説を聞くと、一八三五年一月、「中庸」が、無政府状態や暴政の脅威から社会を救うことができる、「あらゆる政府形態のもとで機能する」「状況に合致した唯一の政治」と述べている。

「進歩」の信仰

中庸の思想の核心には、歴史はゆっくりと確実に進歩するという、「進歩」にたいする信仰が存在していた。それは、ギゾーが『ヨーロッパ文明史』で定式化した、「一九世紀の正真正銘の宗教」であった。「進歩と文明化は、ギゾーにおいて、自由の獲得の行程として構造化されていた」（カファーニャ）。

カヴール研究の決定版を書いたロザリオ・ロメーオは、かれの師であるベネデット・クローチェがフランス革命に続く「新しい時代の宗教」を「自由の宗教」としたのを否定して、一九世紀の「もっとも真の宗教は進歩の信仰であった」、と述べている。

「進歩」は、カヴールにとって、神ではなく人間を基礎とする人類の歴史において、社会の世俗化とも関連する、文明についての哲学的思考の基本であった。人類史の世俗化という考えは、一八世紀の合理的・経験的・科学的な思想に起源を有し、啓蒙主義思想につながり、ギゾーの「古代と近代」、「市民社会」、「文明化」という概念の基礎となった。

「進歩」と「自由」という二つの言葉は、カヴールの思想において、対をなすことになる。この認識は、カヴールにおいて「持続的に存在し」（カファーニャ）、決して変わることはなかった。

新しい時代の到来を希求する「進歩への信仰」は、カヴールにとって、「歴史の過程を決定する基本原理」であり、かれの自由主義思想の根幹をなした。かれは、「進歩」の推進者として、ブルジョアと知識階層からなるエリートと穏和的自由主義者を考えていた。ただ、カヴールにとっての進歩は、物質的・技術的な特徴が強かった。

ジェーノヴァへの転属

カヴールは一八三〇年三月にジェーノヴァの工兵隊に転属する。サルデーニャ王国のなかで、経済活動がもっとも活発な港湾都市ジェーノヴァは、古くて重苦しいトリーノ、さらには国境近くの知的刺激の乏しい僻地と比べれば、別天地であった。

ジェーノヴァ時代に、カヴールが革命的な人々と出会う場所が二つあった。一つは、将校の多くが通っていたアントーニオ・ドーリア書店で、若いカルボネリーア員が集まっていた。カヴールがそこでカルボネリーア員と接触したかどうかわからないが、マッツィーニと接触する機会は大いにあった。もう一つはカヴールが頻繁に通っていたサロンである。

カヴールは、フランス領事の娘で、ジュスティニアーニ男爵の妻アンナ・ジュスティニアーニ・スキャッフィーノ夫人が催すサロンに出入りしている。そこで、カヴールは当地の貴族や銀行家のほかに、カルボネリーア員や共和主義思想の持ち主とも知り合ったと思われる。

スキャッフィーノ夫人は、カヴールの精神的成長において重要な意味を持つ女性であった。彼女との関係はジェーノヴァを去った後も続くが、彼女の自死によって終わった。

七月革命の影響

ジェーノヴァ勤務時代の一八三〇年、フランスで七月革命が起こった。ブルボン家のシャルル一〇世が退き、オルレアン家のルイ・フィリップが王位に就いた。

自由主義者や大資本家、銀行家などに擁立されたルイ・フィリップは、神意ではなく、人民の意志で選ばれたフランス人の王の称号を選んだ。かれは、軍服よりも背広を、剣ではなく傘を持つ、議会制民主主義を尊重する、ブルジョア的君主というイメージをつくり出した。

ちなみに、一八三一年にはベルギーが独立し、中部イタリアではカルボネリーアによる立憲革命が起こっている。前述したように、ジェーノヴァでは、カルボネリーア員であったジュゼッペ・マッツィーニが逮捕された。

ジェーノヴァに勤務していたカヴールは、スキャッフィーノ夫人のサロンで、逮捕される以前のマッツィーニと会ったかもしれないという指摘もあるが（ロメーオ）、それは定かでない。たしかなことは、カヴールはカルボネリーアに加入することはなかったことである。

カヴールは、この時期に、共和主義にたいするシンパシーを抱き、ピエモンテの反動的な政治体制の打倒のために、革命的な手段に訴えることも考えている。革命思想に接近したカヴールは、父親と対立するようになり、エネルギーのはけ口を賭け事や色事としている。

前進するヨーロッパ

フランスの七月革命の影響はカヴールには大きかった。カヴールは、一八三〇年一二月二日付の父親宛の書簡で、新しい人生の選択を示唆している。

わたしは順応的な性格で、いかなる立場にも適合できる。冷静に対応することのできないことはただ一つ、全く無為な、あるいは思索だけの生活である。わたしは、自分の知的能力だけでなく、精神的な機能も駆使したい。

同じ月のイギリス人の友人ブロッケドン宛の書簡に、カヴールは、「全ヨーロッパが進歩の道を確実な歩みで前進しているのに、不幸なイタリアは宗教的抑圧体制のもとで腰をかがめたままである」、と記している。

そのころに、カヴールに欠落していた「全体的な実体」としてのイタリアが、かれの思想のなかで「苦しみ」として現れ始める。そのことについて、ロメーオは、「前進するヨーロッパ」と後進的なイタリア半島の落差を明確に認識したカヴールの近代性と指摘している。カヴールは、「前進するヨーロッパ」のレベルに、サルデーニャ王国を経済的・政治的に引きあげ、立憲君主制を確立することをめざすことになる。

軍隊を退く

七月革命による革命運動の高揚のなかで、危険思想の持ち主として嫌疑がかけられたカヴールは、ヴァール・ダオスタの僻地に左遷された。その時、カヴールは、軍隊を退くことを決意したようで、父親に次のように書き送っている。

警察はわたしを見張り、仲間は疑いの目で見ています。わたしは軍隊にとどまることはできません。わたしは農業にかかわることができるでしょうし、管理能力もあると思います。

カヴールは、一八三一年一一月、表向きは健康上の理由で、軍隊を退いた。二一歳の時である。軍隊を辞めた真の理由は、服従と規律という軍隊の組織原理に不向きな生来の性質のほかに、反動的なサヴォイア王家にたいする不満、革命派のグループに加わったことの疑惑などがある。サルデーニャ王国では、退役の軍人でも祝典で軍服を着用する習慣があった。カルロ・アルベルト王は、退役するカヴールに軍服の着用を認めたが、かれの所属した工兵隊のものではなく、普通の軍服であった。そのことは、カヴールにたいする国王の嫌がらせであった。

Ⅳ　農業経営者の時代

グリンザーネの村長

ミケーレ・カヴール侯爵は、軍人のキャリアで挫折した、失意の息子を立ち直らせようと、クーネオ県のアルバから六キロのところにある、小村グリンザーネ（現在はグリンザーネ・カヴール）の村長の地位を与えた。たとえ小さな村とはいえ、二一歳の青年が村長になれたのは、トリーノ市の参事会員をつとめ、その後にトリーノ市長となった父親の隠然たる力によるものであった。カヴールはその村長の職を一八四八年までつとめている。

グリンザーネには、カヴール家が購入した約一八〇ヘクタールの農地があった。グリンザーネの城は、名付け親のカミッロ・ボルゲーゼがカヴールに残した遺産で購入されたものである。

小さな村の首長となったカヴールにとって、農業経営に関与し、小村とはいえ、農村社会の政治に実際にかかわったことは、決して無意味なことではなかった。その時期に、家族の知り合いでもあるジューリア・ディ・バローロ侯爵夫人に、カヴールは「朝、目が覚めると王国の首相になっているように思える」、と予言的手紙を書いている。それは三〇年後に実現する正夢であったが、その時、かれの前途はまだ深い霧に覆われ、先は全く見えていなかった。

カヴールは、一八三三年六月に、農業にかかわる仕事でオーストリア支配地のロンバルディーアを訪ねようとした。しかし、ハプスブルク家支配を批判する危険人物として、カヴールの入国を禁止するオーストリア警察の回状が出回っていたことで、実現しなかった。

その背景には、マッツィーニがピエモンテを共和主義革命の突破口とするために、サヴォイア侵入を企てた事件があった。それは失敗し、革命運動に厳しい弾圧が行われ、「青年イタリア」に参加していた青年が数多く処刑された。首謀者のマッツィーニ、そしてサルデーニャ王国海軍に入隊したばかりのガリバルディも陰謀の嫌疑を受けて、二人とも欠席裁判で死刑判決を受けた。

図版4－1　グリンザーネの城

ミケーレ侯爵はカヴールに新しい仕事を与えた。救貧法の改正を検討していたイギリスが、ヨーロッパ諸国の貧困問題の調査を行っていた。その依頼書がトリーノにも届いた。トリーノ市長であったミケーレ侯爵は、トリーノ民衆の貧困に関する調査をカヴールに命じている。

フランスとイギリスへの旅

カヴールは、一八三四年一二月、幼友達のピエトロ・ディ・サンタローザ（一八二一年の立憲革命の首謀者であるサントッレ・ディ・サンタローザの従兄弟）とともに、ジュネーヴを通って、パリ、ロンドンへの長期旅行に出かけた。この旅行の目的は、貧困問題の調査や刑務所施設の視察のほかに、「前進する」ヨーロッパを直接に見聞することであった。

カヴールは、ヴィル・リュミエール（光の都）、すなわちパリに二ヵ月半ほど滞在している。日中は病院・救貧院・刑務所・学校などを訪れて、社会調査を行い、ソルボンヌ大学で聴講もしている。夜はコメディー・フランセーズなどを観劇し、有名なサロンで著名な知識人・政治家と交流した。

パリ滞在中に、七月王政の首相であったギゾーの格調高い、中庸を主張する議会演説に感動し、「心を奪われた」と、カヴールは述べている。かれは、教会が政治に過度に介入することや王権の乱用を否定し、中庸を宣言していたルイ・フィリップの七月王政の政治を理想とすることになる。

カヴールは、フランスにおける共和制の可能性を考えたかもしれないが、それは革命へと進む道であり、ヨーロッパの政治・社会の破壊と考えるにいたった。かれは、一七八九年のフランス革命に見られたギロチン、暴力とテロルによる革命を否定し、中庸の道を選んだのである。

一八三五年三月二〇日、旅行中のカヴールは兄グスターヴォに、将来の計画について、次のように書き送っている。

父が資金を出してくれれば、その財産の管理と勉強に専念し、真剣に取り組みます。享楽は拒否します。他方、評論、慈善、自由な活動など社会のなかで優れた仕事もありえます。未来に役立つ立派な仕事をしたいと思います。

この手紙は、カヴールがピエモンテという小宇宙の、小さな村の村長から、発展するヨーロッパ世界に羽ばたく意思表明にほかならなかった。

ロンドンを見た

カヴールが、「進歩」の灯台とみなす「自由主義の祖国」イギリスのロンドンに到着したのは一八三五年五月一四日である。産業革命によって沸き立つロンドンでは、人口増加にともなう貧民対策のほかに、地方自治制度、アイルランド問題などが激しく議論されていた。

カヴールは、『タイムズ』紙、『モーニング・ポスト』紙、『エコノミスト』紙を、トリーノで購読していた。かれは、産業革命によって躍動するイギリスの経済と議会政治に強く影響を受けて、イギリスを訪れる前から英国心酔者 anglomane となっていた。カヴールは、イギリスを訪れる前の、一八三四年七月三一日の日記に次のように記している。

もしイギリス人として生まれていたら、今はすでに何がしかの人間となり、自分の名前も世に知られていたであろう。しかし、自分はピエモンテ人であり、それを変えることができないのですから、少なくとも笑いものにならないように努めなければならない。

生来、負けん気の強いカヴールは、英語が流暢に話せるサンタローザに劣等感を抱き、旅行中に二人は険悪な関係になったこともあった。ロンドンでは、パリと同じく、日中は刑務所や精神医療を行う病院などを訪問するとともに、工場などを視察、夜は社交界で著名人と交流した。イギリス下院を傍聴したカヴールは、次のような感想を皮肉を込めて記している。

議員全員がかつらをつけて、エレガントとはほど遠い服装で、無関心に、長椅子に座っている。雄弁家が演説する時以外は、議場は、社交クラブのように、居眠りしているもの、席を立って、行ったり来たりするもの、おしゃべりしているものがいる。

カヴールは、下院の緊張感のない雰囲気に幻滅したとしても、イギリスで歴史の新しい主役であるブルジョアが日一日と力をつけ、影響力を増していることを自分の目で確認した。

カヴールは、リヴァプール・マンチェスター間の五〇キロを一時間半、汽車に乗った。かれにとって、「進歩」と「文明」と一致したのが鉄道であった。

イギリスに傾倒したカヴールは、ヨーロッパで英国貴族を意味するミロード Milord・カミッロと呼ばれたほどあった。自由の国であると同時に経済的・社会的発展を遂げたイギリスは、カヴールにとって、サルデーニャ王国のモデルとなった。

「ヨーロッパ人」となった

カヴールは、フランスとイギリスを訪ねたころに、「ヨーロッパ人」となったと、ロメーオは指摘する。その意味は、「知的・政治的関心、経験の広さがヨーロッパ的というだけでなく」、生活様式を含めて「価値観や理想がヨーロッパ的」になったということである。

カヴールは、七月王政のパリで中庸の政治を、ロンドンで自由と結合した「進歩」の力を、直接に目にした。カヴールは、それこそ乾いた砂漠に水がしみ込むように、フランスからは中庸の政治を、イギリスからは経済的自由主義を吸収して、「ヨーロッパ人」になった。

カヴールは、経済的にはイギリスのように、政治的にはフランスのように、ピエモンテを「進歩」させることに、専念することになる。それは、ピエモンテを躍動するヨーロッパのなかに組み入れ、イギリスとフランスのレベルに引きあげることであった。

カヴールと祖国

カヴールは、ヨーロッパに目を向け、イギリスの経済活動とフランスの政治制度をモデルとした発展をめざすが、イタリアの諸都市を訪ねることはほとんどなかった。北イタリアではミラーノ近郊で過ごした経験がある。中部イタリアのボローニャ、フィレンツェ、ピーサの地を踏んだのは一八六〇年のことである。ローマ、ナーポリは生涯にわたって一度も訪れたことはない。

カヴールが「不幸なイタリア」を最初に語ったのは、七月革命への期待が高まっていた時である。それは、市民生活を強圧的に支配する為政者や外国人と、世俗権によって民衆の生活も支配するローマ教会によって、二重に抑圧されているイタリアは不幸で、見捨てられた地という意識にもとづくものであった。

その際に、カヴールが現実に祖国と感じていたのは、たとえ反動的な聖職者に基盤をおく、抑圧的な政治を行うカルロ・アルベルト王が支配する「知的な惨状」enfer intelletuel と呼んだとしても、ピエモンテであって、イタリアではなかった。カヴールとピエモンテは不可分なもので、ピエモンテへの献身こそが、当時の、そしてその後の、かれの揺るぎない立場であった。

V

実業家の時代

農業経営者

カヴールは、一八三五年七月、フランス・イギリスの遊学からトリーノに戻った。それから一五年間、イギリス・フランスのようにピエモンテを「進歩」させるために、かれは実業家として活躍することになる。

カヴールは、九〇〇ヘクタールの広大なレーリ農場で、「農業は今世紀の職業のなかでもっとも好ましく、もっとも有用なもの」（ロメーオ）として、新しい農業知識と技術にもとづく、大規模農場を多角的に経営することになる。かれは大きな麦藁帽子をかぶって農場を駆けめぐるが、その時期に蚊によって伝染したマラリアが、死因になったといわれる。

レーリ農場の作物には、伝統的なトウモロコシ、小麦、ブドウのほかに、「カヴール運河」と呼ばれることになる大規模な灌漑を施した水田での新しい品種の稲作があった。家畜用の飼い葉の生産、豚・羊・食肉牛の飼育、養蚕、製糖用の甜菜栽培も行った。

かれは、農産物の生産をあげるために、グアノと呼ばれるチリ産の鳥の糞を肥料として輸入し、ピエモンテで最大のグアノ輸入業者になっている。グアノの輸入と販売は、実業家としてカヴールが長くかかわったビジネスの一つであった。

ちなみに、「青年イタリア」による蜂起に参加したとして欠席裁判で死刑判決を受け、南米に亡命していたガリバルディがチリ産のグアノを中国に運んでいたのは、この時期のことである。

カヴールは、一八四〇年代に化学肥料工場をつくり、近代的な脱穀機を導入した精米所、麦の製粉所もつくっている。かれは、牛乳や肉を国内で販売する一方で、エジプトに大量の羊を輸出し、「地中海最大の穀物市場」があったジェーノヴァで穀物の投機を行うなど、商業活動を国際的に拡大している。

図版5−1　レーリの屋敷

図版5−2　風刺画に描かれた農業家カヴール

投機家の活動

農業経営に情熱を傾けながらも、ピエモンテの文化や政治にたいする不満は大きかった。カヴールは、一八三七年に次のように記している。

文学や政治が絶望的な沈滞状況に陥っている国（ピエモンテ）に生きている。そこでは、新しい事件は一年間に三件も起こらない。トリーノは新しいことが語られたり、実行されたりすることのない都市である。

文化的に躍動するパリ、経済的に発展するロンドンを見聞したカヴールは、「精神の地獄」と表現するトリーノにたいして憤懣を超えた怒りに近いものを感じていた。

カヴールは、その満たされない気持ちを癒すかのように、一八三七〜四三年の間に八回、フランス、イギリスを訪ねている。とくに、母方の叔母がフランスに所有する広大な、複雑に利権が錯綜した土地の処分のために、パリで約二年間を過ごしている。

叔母の財産管理に関連したカヴールの投資や投機、株式売買などの活動は、重要性を指摘されることが少ないが、カヴールのキャリアでは見落とすことができない。

カヴールは、隆とした服装で、競馬場、カジノなどに足しげく通っている。叔母から預かった豊富な資金を元手に、株式相場にも手を出し、「三年かかってため込んだ」資産のすべてを失う、破滅的な損失を被っている。父親の資金援助で危機を乗り切るが、それでカヴールが多くのことを学んだことは間違いない。

サロンがヨーロッパの近代社会で果たすアソシエーション、人的結合関係を、カヴールは十分に活用した。かれは、パリ滞在中に貴族が催すサロンに出入りし、七月王政の主要な政治家ティエール、作家のデュマ、メリメ、哲学者のクザンなどとの人的関係を結んでいる。ミラノから亡命していた、革命思想の持ち主で、「青年イタリア」の活動にも資金援助していたミラーノ出身のベルジョイオーゾ公爵夫人とも親交を結んでいる。

知的好奇心に目覚めたカヴールは、ソルボンヌ大学でミシュレの歴史学、文学や東洋学・古代エジプト学の講義に出席している。実業家としてパリ、ロンドンを訪れるたびに、カヴールはますますヨーロッパ人になっていった。

カヴールは、農業にとどまることなく、商業・工業・鉄道・金融などの広い分野で、精力的な活動を展開し、「イタリア最初の実業家」（カファーニャ）となった。

「スバルピーナ農業協会」

カヴールは、カルロ・アルベルト王が一八四二年に認可した「スバルピーナ農業協会」に参加している。その主たる目的は、農業の理論的・技術的な「進歩」をめざすことであった。「スバルピーナ農業協会」は、肥料、土地改良、農産物の輸出などにかかわる調査・研究のほかに、農業を振興した。会員の多くは穏和的自由主義者の農業経営者であった。カヴールは、農業経営者としての積極的な活動が認められて、「スバルピーナ農業協会」の相談役に任命されている。カヴールは、協会の活動を広く知らしめるために発行された『農業協会新聞』に、自らの経験を踏まえた農業論を展開している。「スバルピーナ農業協会」は、ピエモンテの自由主義的改革という政治的目的を掲げていた。そのことは、「農業の進歩を通じてより良い政治状況に到達する」という、カヴール自身の言葉が物語っている。

「スバルピーナ農業協会」で、「友人はできないが子分はできる」と揶揄されたカヴールは、ヨーロッパ的視野を持つ広い見識、経験に裏打ちされた理論、生まれながらの自信によって、リーダーとして頭角を現した。ある友人は、その時期のカヴールを、「あなたはなんと有能なのか！あなたは首相にふさわしい。いつの日か首相となったあなたを見ることを決してあきらめない」（ロメーオ）と評している。この時期は、サルデーニャ王国の首相となる政治的野心を秘めた、かれの助走の時代であった。

ピエモンテの鉄道

鉄道は、カヴールにとって、「進歩の時代という新しい世紀の偉大で、象徴的」な存在であった。鉄道は「文化と経済の側面で具体的な進歩をもたらす道具」であり、後進的な地域では「民衆の解放の手段」を提供する「ある意味で神の摂理」（ロメーオ）というべきものであった。

かれは、ローヌ川で蒸気船を運行する会社と、シャンベリ・ブールジェ間の鉄道建設会社の株主となったが、その投資は失敗した。カヴールは、フランスでは成功しなかった鉄道事業に、ピエモンテで挑戦することになる。

サルデーニャ王国の鉄道は、両シチリア王国、ロンバルド・ヴェーネト王国、トスカーナ大公国の後塵を拝していた。イタリア半島で最初に鉄道が走ったのは、両シチリア王国のナーポリで、一八三九年一〇月のことである。

両シチリア王国の国王フェルディナンド二世を乗せた蒸気機関車ヴェスヴィオ号がナーポリ湾岸のポルティチ・ナーポリ間の七キロを一〇分ほど走った。それに続いて、王宮のあるカゼルタとナーポリ間に鉄道が開設された。ただ、両シチリア王国の鉄道は、産業の発展というよりは、フランスの売り込みに応じた国王の趣味的要素が強いものであった。

ピエモンテの政府は、一八四四年に鉄道敷設を決定した。王宮のあるモンカリエーリとトリーノ間（八キロ）を皮切りに、一八五〇年代にはトリーノを起点とするジェーノヴァなどの路線が開設された。

カヴールは、民間資本による鉄道建設を望んでいたが、最終的に主要幹線は国家資本によるものとなった。かれは、レールや枕木などの鉄道建設資材の供給事業に関与し、イギリスの会社と契約を結んでいる。

第二次イタリア独立戦争（一八五九年）の際に、サルデーニャ軍とフランス軍は、開通したばかりのティチーノ川のボッファローラ鉄橋をわたってロンバルディーアの戦場に向かっている。一八六一年の時点で、サルデーニャの鉄道敷設距離は、イタリア諸邦のなかで最長（八五〇キロ）に及んでいた。

「イタリア問題」への接岸

カヴールは、一八四六年五月に『レヴュー・ヌーヴェル』誌に、ディ・ロレートの著書の書評「イタリアの鉄道について」を書いている。そのなかで、カヴールは、イタリアの民族問題について言及している。

かれは、当時のイタリアの政治勢力に関連して、民主主義者は「中産階級、上層階層に根を下ろしているだけで」、都市のわずかな人々を除いて、支持者は存在しないから、イタリア半島で「民主主義革命の成功の可能性はない」と述べている。

カヴールは、イタリア半島のおかれた惨状の主たる要因として、諸邦の君主と民衆の敵対関係、諸邦の支配者にたいする民衆の不信感などをあげている。そのうえで、かれは次のように記している。「住民のもっとも活動的な部分」であるブルジョアや開明的貴族の、「進歩への強い願望、民族性の生き生きとした感情、祖国への燃えるような愛が、たとえ解放のあらゆる試みの主たる手段ではなくとも、不可欠な、付加的な力をもたらすのである」。

カヴールにおいて、文明化から取り残された、後進的なイタリア半島に存在する歴史的な悪弊を取り除き、経済的不均衡を解消することができる方法は、鉄道であった。それによって、半島の住民のコミュニケーションも活発になり、無知と偏見の根源である「けちくさく、偏狭な郷土愛」を打破することになる。これが、この時期のカヴールのイタリアについての分析であった。

図版5−3　1854年のトリーノ・ジェーノヴァ間の鉄道

かれは、鉄道が「イタリア半島の精神的な進歩、具体的には民族運動の展開にもたらす貢献」を強調した。鉄道は、物流による経済発展のみならず、鉄道にともなって拡大した電信・郵便網を通じて、コミュニケーションの拡大による民族意識の発展をもたらすものであった。

さらに、イタリアにおける鉄道網の拡大は、「経済的・

物質的進歩」のほかに、「東洋との交易路を地中海に取り戻す」ためにも重要であった。カヴールはソルボンヌ大学でミシェル・シュヴァリエの講義に出席している。サン・シモン主義者のシュヴァリエは、地中海沿岸に鉄道網を張りめぐらせることで交通を加速させ、東西の融和を推進することを主張したが、これがカヴールに影響を与えたと考えられる。

カヴールは、鉄道に関連して、「イタリアは、誰もあえていおうとしない真実を行わねばならない」と述べているように、自らが「イタリア問題」に接岸したことを示している。

金融・社会活動

カヴールは金融分野でも重要な役割を果たしている。カヴールはトリーノ銀行、ジェーノヴァ銀行の設立にも関与し、評議員の一人となった。

そのほかに、カヴールは、ギャンブルが趣味の一つであったこともあり、ホイスト協会の設立にかかわっている。その時期にヨーロッパで流行していたホイストは、イギリス発祥のトランプゲームで、ブリッジの元となるものである。ホイスト協会は貴族とブルジョアの垣根を超えて社会的・人的交流を推進し、ピエモンテの社会のブルジョア化の端緒となった。

カヴールは、下層階級の貧困問題にも関心を払って、路上で生活する貧しい子どもを収容するトリーノ幼稚園協会のような博愛的活動にも加わっている。

Ⅵ　ジャーナリスト時代

ジョベルティとバルボ

一八四〇年代前半、二人のピエモンテ人が、イタリア統一についての書物を出版し、大きな衝撃をもたらした。一人は、ヴィンチェンツォ・ジョベルティで、『イタリア人の精神的・文明的優位』(一八四三年)を出版し、教皇を長とするイタリア連邦制を主張した。

それと符合するかのように、一八四六年に教皇に即位したピウス九世が教会国家で矢継ぎ早に行った改革によって、教皇を中心とするイタリア統一論、新教皇主義がイタリア全土を興奮の渦に巻き込んだ。新教皇主義の全イタリアにもたらした衝撃はあまりにも大きく、イタリアの政治が一気に流動化した。その時、カヴールに「民族的でイタリア的な強い感情」(ロメーオ)がめばえた。

もう一人は、チェーザレ・バルボで、ジョベルティに刺激を受けて、『イタリアの希望』(一八四四年)を出版し、イタリア統一の方法として四つの案を提示した。一番目は諸邦の君主の協同、これは不可能である。二番目は民衆の蜂起、これは実現できない。三番目は外国勢力の介入、これは危険である。そして四番目は国際状況の変化である。

この四番目の解決策は、ヨーロッパの国際政治の変化を待って、イタリア統一の可能性を追求することができると、バルボは考えた。具体的には、ハプスブルク帝国のバルカン半島への拡大が民族問題を惹起し、それによってイタリア半島のオーストリアからの独立が可能となるというものであった。

カヴールは、ジョベルティ旋風の陰に隠れ、注目されることが少なかったヨーロッパの国際政治を視野に入れたバルボの主張に影響を受けた。それは、のちにカヴールが行ったクリミア戦争への参戦決定に影響を与えたと考えられる。

『リソルジメント』紙の編集長

新教皇主義の昂揚を背景に、ブルジョア・貴族などの出版の自由の要求に応えて、カルロ・アルベルト王は、一八四七年一〇月、検閲を緩和して、出版の自由を拡大した。それを待っていたとばかりに、「シャンパンの小瓶」が噴き出すように、民主主義者、自由主義者、保守主義者などの多様な政治勢力が新聞を発刊した。

図版6−1　チェーザレ・バルボ

マッツィーニを支持する民主主義者のロレンツォ・ヴァレーリオが創刊した『コンコルディア』紙、自由主義者のグループが創刊した『オピニオーネ』紙、自由主義・反教権主義で、カヴールの政策を支持することになる『ガゼッタ・デル・ポーポロ』紙などである。

Anno I. Torino, 13 Dicembre 1847. N.1

IL
RISORGIMENTO
GIORNALE QUOTIDIANO
POLITICO, ECONOMICO, SCIENTIFICO E LETTERARIO

Mercoledì

PROGRAMMA

SARDEGNA e SICILIA

図版6－2　『リソルジメント』紙の創刊号

世論の重要性を認識していたカヴールは、一八四七年一二月、『リソルジメント』紙の発刊に加わった。新聞の発行者は、穏和的自由主義者のリーダーで、『イタリアの希望』の著者バルボであった。カヴールは、その時、三七歳であった。

かれは、「われわれはルビコンをわたり、新しい理念の道にはいった。政府はもはや後に戻れないであろう。数年のうちに、望む望まざるにかかわらず、われわれに代議制がもたらされるであろう」、と友人に書き送っている。

『リソルジメント』紙の同人には、外交官のロドヴィーコ・サウリ・ディリアーノ、銀行家のルイージ・ボルミーダ、弁護士のフィリッポ・ガルヴァニョ、ジャーナリストのコスタンティーノ・レータ、親友のミケランジェロ・カステッリなど、カヴールの政治活動を支えることになる穏和的自由主義者が名を連ねていた。

ちなみに、この時期に発刊された新聞は四面で、発行部数は二〇〇〇～三〇〇〇部、労働者の日給の三分の一、あるいは四分の一に相当する価格であった。
カヴールは、『リソルジメント』紙の編集長を、一八五〇年一〇月にダゼーリョ内閣に農商務大臣として入閣するまでつとめている。その間、『リソルジメント』紙上で、かれは民主主義者などと激しい論戦を展開することになる。そのことから、カファーニャは、ジャーナリストとしてのカヴールを、下院議員、大臣をへて、首相へとのぼり詰める、政治家としてのスタートとしてとらえている。

言論活動

カヴールは、『リソルジメント』紙の目的について、「国を文明化し」、「政府が開始したリソルジメント（再興）に協力」し、新聞を通じて自由主義的改革の思想を広めるためと述べている。繰り返しになるが、その「国」は、いうまでもなく、イタリアではなくピエモンテを指していた。
カヴールは、『リソルジメント』紙で、イタリア半島の経済発展の観点から、政治活動の自由について、次のように論じている。

イタリアの全地域で急速に拡大している新しい公的生活が、物的状況に非常に大きな影響をもたらさなかったわけではない。一つの民族の政治的リソルジメントは、経済的なリソルジメントと決して切り離されてはならない。文明の道へと前進する善意の君主に治められた国民は、富、物質的な力で発展することが必要である。二つの進歩の条件は同じものである。一つの民族の道徳的状況の改善に不可欠な、市民の徳、個々の権利を平等に保護することに配慮した法律は、経済的進歩の主要な要因である。

くわえて、カヴールはオーストリアからの独立をめざすが、その方法は「民衆の過度な要求」や暴力ではなく、「秩序だった調整」を通じて、「改革者の君主と改革者の国民」の結合によって実現するものであった。カヴールは、『リソルジメント』紙を通じて、「極端に走らない政治的自由を受け入れる人々を準備」しようと考えた。

カヴールは、『リソルジメント』紙を「穏和な考え」の「政党」の機関紙と記している。政党とは、共通の政治思想と利益のために活動する勢力で、組織的な政治結社を意味するものではなかった。その時期のピエモンテには、三つの「政党」が存在していた。一つ目は、共和主義者などの「過激な」主張のブルジョアジーからなる、「弁護士の政党」と呼ばれた勢力である。二つ目は保守主義者・反動主義者の「後退的」な考えの持ち主で、時代に逆行する、コディーノ、「弁髪」と呼ばれる勢力である。三つ目は、一番目と二番目の中間に位置する、穏和的な自由主義者で、中道と呼ばれていた。

イタリアの一八四八年

一八四八年にはいるや否や、一八四五年の凶作に始まる経済不況に端を発する社会擾乱が、イタリア各地で起こった。

一八四八年元旦に、「煙草ストライキ」がミラーノで起こった。煙草に課せられた新たな税金に抗議して、ミラーノ人は喫煙を拒否する直接行動に出た。正月休みで、外出を許されたオーストリア軍兵士は、禁煙する市民にたいして葉巻の煙を吹きかける挑発行動を行い、いたるところで小競り合いが起こった。

シチリアのパレルモで、一月一二日、反乱の火の手があがった。両シチリア王国国王フェルディナンド二世の誕生日に、パレルモの民衆がブルボン家支配に反乱を起こした。反乱はたちまち全島に広がった。パレルモの知らせが届くと、ナーポリでも反乱が起こり、国王に憲法を認めさせた。パレルモの臨時政府は、ナーポリからの分離、独立国家の樹立、固有の憲法を求めた。

ナーポリ、パレルモの影響を受けて、トリーノでは憲法を要求する社会擾乱が起こり、ジェーノヴァでは民主主義者による反イエズス会の暴動が起こった。一八四八年二月に、カルロ・アルベルト王は信仰の自由を保障し、ピエモンテに住むワルド派の人々に市民権・政治権を付与した。三月にはユダヤ人にも同様な措置がとられ、同時に兵役義務も課された。イエズス会士は八月にサルデーニャ王国から追放された。

アルベルト憲章の発布

カヴールは、一八四八年一月七日発行の『リソルジメント』紙で、「新しい体制の確立を保証するただ一つの手段」、「諸制度の発展の出発点」として、憲法の発布をカルロ・アルベルト王に強く訴えた。

カルロ・アルベルト王は、共和主義の「革命の恐怖」から、一八四八年三月四日、憲章を発布した。カヴールは、『リソルジメント』紙が「この偉大で、思いがけない革命にわずかであるが協力した」と、マッシモ・ダゼーリョに書き送っている。

それが憲法 Costituzione ではなく、憲章 Statuto となったことの理由は次のようなものであった。一つは、憲法がフランス革命で過激派が使用した言葉であり、君主制の打倒の序曲になる危険なものと認識されていたことである。もう一つは、憲章が、一五世紀にサヴォイア公アメデーオ八世が発布した法、Decreta seu Statuta というサヴォイア王家の伝統にかかわる用語を使用したことである。

国王が下賜した、八四条からなる欽定のカルロ・アルベルト憲章は、一八一四年のフランス憲法や一八三一年のベルギーの憲法をモデルとしていた。「国王中心の統治構造」であるアルベルト憲章は、国王任命の議員からなる上院と、納税額にもとづく選挙で選ばれる議員からなる下院の、二院制を定めた。法律の制定、法律の裁可・公布権、法案提出権（下院）などの立法大権は国王と議会が共同行使し、軍隊の統帥権、大臣の任命・罷免権といった行政大権は国王に与えられていた（高橋利安）。

憲章の発布に歓喜の声をあげてトリーノの街を行進する人々のなかに、カヴールもいた。「進歩は憲章にもとづく諸制度によって獲得される」（ロメーオ）という確信を持っていたカヴールにとって、「憲章は政治的・社会的発展の真の展望を切り開いた」（ロメーオ）。

ちなみに、カルロ・アルベルト憲章は、一八六一年にイタリア王国が成立すると、イタリア王国の基本法となり、全イタリアに拡大され、自由主義時代も生き抜き、ファシズム時代には仮死状態におかれる。アルベルト憲章は一九四七年のイタリア共和国憲法の発布まで九九年間にわたって存続し、近現代イタリアを規定した。

風雲急を告げる

一八四八年、フランスでは二月革命が起こり、ルイ・フィリップの七月王政が倒れた。その「悲惨な」知らせは、七月王政を理想的な体制と考えていたカヴールを、「打ちのめした」。カヴールは、政治的な理想としてきた「秩序と中庸」にもとづく七月王政が崩壊し、急進的な共和主

図版6−3 「ミラーノの五日間」でつくられたバリケード

義者が権力を掌握したことに、絶望のあまり、両手をポケットに入れて、下を向いて、考え込んでいた、という。

パリの二月革命に続いて、三月にはウィーン、ベルリンとドミノ倒しのように革命が起こり、自由と憲法を求める運動がヨーロッパに広がった。ウィーンでは憲法制定国会が召集され、メッテルニヒが解任された。

オーストリアが支配するミラーノでは、ウィーンの革命を受けて、民衆の反乱が起こった。街には一六〇〇近いバリケートが築かれ、オーストリア軍との市街戦が五日間にわたって続き、臨時政府が樹立された。その反乱は五日間（三月一八日～二二日）続いたことから、「ミラーノの五日間」と呼ばれることになる。

オーストリアが支配していたヴェネツィアでも、サン・マルコ広場に集まった市民は、改革運動の指導者ダニエーレ・マニンなどの政治犯の釈放を要求した。オーストリア軍は撤退し、マニンを指導者とするヴェネツィア共和国の成立が三月に宣言された。

オーストリアとの戦争

カルロ・アルベルト王は、イタリア独立の擁護者になるべきかどうか、迷った。逡巡の末、ミラーノの自由主義者からの支援要請を受けたカルロ・アルベルト王は、一八四八年三月二三日、オーストリアに宣戦布告した。三月四日の憲章発布から一九日目のことである。

カヴールは、開戦の日に発行された『リソルジメント』紙に、「サルデーニャ王国の最高の時が鳴り響いた。唯一の道が民族に開かれた」と、興奮した文章を発表している。かれは、「ミラーノの五日間」の後、ヨーロッパの大きな革命のうねりからピエモンテが取り残されることを恐れ、カルロ・アルベルト王に「大胆な解決をめざす、偉大な政治」を求めていた。

再度確認しておくと、この時にカヴールが語った「民族」はイタリアではなく、ピエモンテを意味していた。戦争は、サヴォイア王家の伝統的な、ロンバルディーアへの領土拡大政策に従ったもので、イタリア民族の独立と統一をめざすものではなかった。カヴールは、ハプスブルク家とサヴォイア家の王朝間の戦争を支持したのである。マッツィーニは、亡命先のロンドンからミラーノに駆けつけ、王朝の戦争を人民の戦争へと、訴えている。

カヴールは、第一次イタリア独立戦争へとつながる急激な展開において、民主主義勢力が優勢なミラーノの臨時政府に反対の立場を明確にした。その時期のカヴールの主たる関心は、ロンバルディーアやジェーノヴァの共和主義者の脅威からサヴォイア王家を守ることであった。

敗北したサルデーニャ王国

小国サルデーニャの軍隊は、大国オーストリアとの戦争で、パストレンゴとゴイトでの緒戦で勝利した。それによって、イタリアの運命を変える期待がイタリア全土で渦巻き、イタリアの愛国者たちを奮い立たせた。

教会国家、トスカーナ大公国、両シチリア王国が北イタリアの戦場に軍隊を派遣した。ピーサ大学の大学生を始めとして、シチリアからも義勇兵が派遣されると、戦争は瞬く間にイタリア的になった。

ところが、このイタリア全土の昂揚した状況に、冷や水が投げかけられた。教皇ピウス九世は、普遍的なカトリック教会の長とイタリアの独立戦争への参加は両立しないとして、四月二九日、オーストリア戦からの離脱を表明した。それに続いて、五月中旬、両シチリア王国、トスカーナ大公国も軍隊を戦場から撤退させた。

VII 政治家カヴールの誕生

補欠選挙で当選

戦況が悪化の一途をたどっていた一八四八年四月二七日、サルデーニャ王国では、アルベルト憲章にもとづく最初の国政選挙が実施された。選挙資格者は一定の納税額（ピエモンテでは四〇リラ、リグーリアとサヴォイアでは二〇リラ）で、読み書き能力のあるものであった。ただ、選挙資格者はサルデーニャ王国の人口四八〇万人のうち八万人超で、全体の一・七％に過ぎなかった。

カヴールは選挙に立候補した。かれは、経験豊かな実業家、『リソルジメント』紙のオピニオン・リーダーとしてすでに知られた存在であったが、落選した。自信家のカヴールにとって、政治家のスタートの出鼻をくじかれる手痛い敗北であった。選出された二〇四人の議員の大半が穏和的自由主義者の弁護士・司法官・官吏などであったが、過激な民主主義者も選出された。

カヴールはくじけることなく、「国王とわが国に仕える能力が全く欠如しているとは思わない」と述べ、二ヵ月後の補欠選挙で、トリーノ第一選挙区から選出された。

カヴールは、「支持者も信奉者もなく、政界進出の壁をかろうじて自ら切り開いた」（カファーニャ）。戦争は日々悪化し、サルデーニャ王国の最大の危機の時に、政治家カヴールが誕生したのである。時に、カヴールは三七歳であった。

親しい友人で、『リソルジメント』紙の同人であったカステッリは、政治家となったころのカヴールを次のように描写している。

背丈は平均より少し低く、かなり太り気味である。物腰は洗練されている。髪は金髪で、血色もよい。目の色は灰色に近く、淡い青色で、眼鏡の奥で輝いている。性格は明るく、自分が話す時も、他人の話を聞く時も、微笑みを絶やさない。笑いを誘う警句で演説を始めることを好む。

図版7−1　サルデーニャ王国下院議場

カヴールは、六月三〇日にカリニャーノ宮殿で開催された下院議会で右派の席に座った。カヴールは、七月四日、サヴォイア出身の議員だけが「例外的に」使用するフランス語で最初の議会演説を行った。その理由は、フランス語は「子どもの時から使い慣れ」、明確かつ厳密に語ることができるというものであった。

演説の内容は、ロンバルディーアのサルデーニャ併合と制憲議会にかかわるものであった。カヴールはどちらにも反対した。併合は首都がトリーノからミラーノに移転する可能性があり、制憲議会はロンバルディーアで民主主義勢力が強かったことから、サヴォイア王家の君主国の存続にかかわる危険性があったからである。

パリの「六月事件」

カヴールが下院議員になった時、革命のなかの革命といわれる六月事件がパリで起こった。それは、社会主義勢力が立案した労働者救済の国立作業場を、ブルジョア共和派の政府が財政圧迫を理由に閉鎖すると決定したことで起こった。政府は、国立作業場の閉鎖に抗議する労働者の反乱を、カヴェニャック将軍に鎮圧させた。

共和国憲法にもとづいて実施された大統領選挙では、反乱鎮圧で活躍したカヴェニャックが有力候補とみなされていたが、ナポレオン一世の甥であるルイ・ナポレオンが当選した。かれは、叔父にならって、第二帝政への道を開くことになる。

カヴールは、フランスに登場したフロコンやルドリュ・ロランなどの社会主義・共産主義思想が、国境を越えてトリーノに広がり、共和主義勢力が活発化することを恐れた。カヴールは、パリのアレクサンドル・ビクシオに、「近代社会を立ちあげた文明の偉大な自然法」を侵害する社会主義の「野蛮人の新たな侵入」による「徹底した破壊」から、フランスだけでなくヨーロッパ大陸を救う必要がある、と六月末に書き送っている。

休戦協定をめぐる混乱

サルデーニャ軍は、ウィーンの政治・社会混乱から立ち直り、反撃に転じたオーストリア軍にクストーザで敗北した。カルロ・アルベルト王は、オーストリア軍に休戦を申し入れ、サラスコで休戦協定（一八四八年八月八日）を締結した。国境は戦争開始前に戻され、ミラーノはオーストリア支配に戻り、サルデーニャ王国はオーストリアに多額の賠償金を支払うことになる。

クストーザの敗北と休戦協定について、カヴールは「われわれの軍事的・政治的敗北に唖然とした。もう一行すら書く力がない。なんという誤りをおかしたことか」、と友人宛の書簡に記している。

カヴールは、ゴイトにおけるオーストリアとの戦い（一八四八年五月）で、兄グスターヴォの長男アウグストを亡くしていた。カヴールは、二〇歳という若さで戦死した甥の血にまみれた軍服を入れた壺を、長い間にわたってベッドの下においていたという。

ピエモンテの政治は、休戦協定をめぐって、大混乱に陥った。アルベルト憲章にもとづく最初の首相となったバルボは、オーストリアとの問題を平和的な交渉を通じて解決することを考えていた。しかし、議会は戦争継続か休戦協定かをめぐる抜き差しならない対立に直面して、数ヵ月おきに首相が交代することになった。

カルロ・アルベルト王は、教皇を中心とするイタリア連邦からサルデーニャ王国の主導に主張を変えていたジョベルティに組閣を命じた。戦争の継続を主張するジョベルティと鋭く対立するカヴールは、イタリアに親近感を持つイギリスの外交的な仲介による問題解決を主張した。

難局を打開するために、一八四九年一月に行われた下院議員の選挙で、オーストリアとの戦争を再開することを主張する勢力が勝利した。しかし、ジョベルティは平和か戦争かという対立の難局を乗り越えることができず、二月に首相を辞任した。

二度目の敗北

カルロ・アルベルト王は、敗北の屈辱を晴らすために、休戦協定を破棄し、一八四九年三月二〇日、オーストリアに再び戦いを挑んだ。それは、カヴールにとって「狂気の沙汰」であった。サルデーニャ軍は、霧深いノヴァーラのわずか三日間の戦いで、ラデツキー将軍率いるオーストリア軍に惨敗した。カヴールは、ノヴァーラの敗北を見て、イタリアからオーストリアを排除するには、フランスと同盟を結ぶ必要があるという考えにいたった。

かれは、フランス人メラニー・ヴァルドール夫人宛の一八四九年四月二九日付書簡で、自分のおかれた政治的状況と、ピエモンテの敗北とパリの六月事件という両国の事件を関連させて、次のように記している。

勝利のためのあらゆる要件を有していた戦争に敗北した。友人たちはわたしを権力から遠ざけるために、反目する人たちと手を組んでいます。これから何が起こるかを今は予見できません。たしかなことは、戦争から何かを選びとるしかないということです。あなた方もフランスにとって良いことを予測できないように思えます。しかし、イタリアの運命はフランスの運命にかかっています。あなたたちが自由で、堅固な政府を確立すれば、わたしたちに手を差し伸べてくれるのは当然でしょう。もし革命の吹雪に見舞われるならば、あるいは反動の計略に一時的にでも陥るならば、イタリアはそれに拘束されるか、革命の炎に覆われることでしょう。

その時に、カヴールは、フランス革命とナポレオン時代と同じように、フランスと国境を接するピエモンテの運命がフランスに左右されることを認識していた。

新国王ヴィットーリオ・エマヌエーレ二世

ピエモンテの議会では、左派も右派も、休戦協定の批准を拒否し続けた。オーストリアに敗北すると、トリーノでは戦争継続を求める民衆の騒乱が三月二四日に起こった。

カルロ・アルベルト王は敗戦の責任をとって退位した。息子の二九歳になるヴィットーリオ・エマヌエーレ二世が、三月二三日に国王に即位した。若い、武人肌のヴィットーリオ・エマヌエーレ二世は、「粗野で、うぬぼれが強く、あまり教育を受けていないが、政治的直観と陰謀に長けていた」（ロメーオ）。

図版7—2　ヴィットーリオ・エマヌエーレ2世

新国王は、立憲体制の保持の意志が固かったといわれる父カルロ・アルベルト王を、徹底抗戦を主張する民主主義者と手を組んだと批判した。また、休戦協定に立ち会ったオーストリアのラデツキー将軍に、前国王を改革者に譲歩して憲章を発布した「愚か者」、と語ったという。ヴィットーリオ・エマヌエーレ二世が休戦協定に調印すると、ジェーノヴァで共和主義者が戦争継続を求める騒擾を起こし、臨時政府を樹立し、共和国を宣言した（一八四九年四月一日）。新国王は、ラ・マルモラ将軍率いる軍隊を派遣して、ジェーノヴァの秩序を回復した。

カヴールは君主制に反対するジェーノヴァの民主主義者の反乱が鎮圧されたことに安堵した。かれは、君主制による安定こそが共和主義者の防波堤になりえると考えていたからである。

「一八四八年革命」のイタリア

一八四九年中葉、イタリア各地で燃えあがった革命の炎は二年あまりで消えた。マッツィーニの共和国と呼ばれた、一八四九年二月九日に成立したローマ共和国がナポレオン三世の派遣したフランス軍によって七月六日に崩壊した。ダニエーレ・マニンのヴェネツィア共和国は八月二三日にオーストリア軍の攻撃の前に降伏した。

イタリアの「一八四八年革命」は、異なる地域で独自に同時多発的に起こった。それは立憲的であったことでは共通していたが、シチリアがナーポリからの分離・独立を求めたように地域固有の要求も含んでいた。イタリアの「一八四八年革命」は、イタリア半島の歴史的特徴でもある地方主義の色彩が強かった。

「一八四八年革命」の総括をめぐって、民主主義者が四分五裂することになる。孤高の革命家マッツィーニはヨーロッパの「一八四八年革命」の再来に夢を託し、絶望的な蜂起を繰り返し、支持者を失うことになる。

サルデーニャ王国は、ほかの諸邦が復古体制に戻ったのにたいして、アルベルト憲章を堅持した。そのことは、サルデーニャ王国がイタリアの盟主の地位を獲得し、自由主義国家として発展することになる重要な要因であった。

変化したトリーノ

イタリア諸邦のなかで唯一憲章を堅持し、立憲君主制の道を歩み始めたピエモンテの首都トリーノでは、それまでとは異なる政治・社会状況が生まれていた。

トリーノは「一八四七年以前の冷え冷えとした、軍国主義的な、聖職者の街ではなくなった。通りや広場は活気にあふれ、バールや劇場は賑わった」と指摘したのは、作家ベルセッツィオである。

一八四八年八月には、教育に大きな影響力を及ぼしていたイエズス会士がサルデーニャ王国から追放された。九月には、トリーノ・モンカリエーリ間の鉄道が開通した。一〇月には、公教育に関するボンコンパーニ法が発布され、学校の管理権が教会から国家に移管された。

「一八四八年革命」後にピエモンテの変化を促したもっとも重要な要因の一つが、イタリア各地から、とりわけ両シチリア王国から、弾圧を逃れた亡命者が数多く流入したことである。その数は一八五〇年末に約五万人を数えた。ナーポリからはフランチェスコ・デ・サンクティス、ベルトランド・スパヴェンタ、シチリアからはルイージ・カルロ・ファリーニ、ジュゼッペ・マッサーリ、フランチェスコ・フェッラーラなどがいた。

かれらは、弁護士、ジャーナリスト、大学教授として、ピエモンテで活発な言論活動を展開し、サルデーニャ王国という地方的な制約を越えて、イタリアという広い視点に立つ世論形成に寄与した。そのことは、サルデーニャ王国を中心とするイタリア統一への道を切り開くうえで、決して見落とすことはできない。

「モンカリエーリ宣言」

ヴィットーリオ・エマヌエーレ二世は、一八四九年五月、穏和的自由主義者のリーダーであったマッシモ・ダゼーリョを首相に任命した。かれは絵を描き、小説も書く、文人政治家で、妻はアレッサンドロ・マンゾーニの娘であった。ダゼーリョは、イタリアとヨーロッパについて卓越した見識の持ち主で、「イタリアの騎士」と呼ばれた。また、南部イタリアまで訪れて、イタリア半島の状況にくわしく、「イタリア問題の父」とも呼ばれた。

図版7―3　マッシモ・ダゼーリョ

ダゼーリョ首相には、オーストリアにたいする賠償金七五〇〇〇万リラの支払い、新国王との関係構築、財政的再建など課題は山積していた。しかし、一八四九年七月の選挙で、オーストリアとの休戦条約を破棄し、戦争の継続を主張する民主主義者が議会の多数を占め、講和条約の締結は暗礁に乗りあげた。

この政治局面を打開するために、ダゼーリョは、「玉座の専制も街頭の専制も拒否する」として、国王ヴィットーリオ・エマヌエーレ二世に議会を解散し、選挙を行うことを進言した。

ダゼーリョは、選挙に先立って、一八四九年一一月二〇日、穏和的自由主義の候補者へ投票を誘導するために、自ら書いた宣言文を国王に発表させた。それは、国王の居城のあるモンカリエーリの名前をとって、「モンカリエーリ宣言」と呼ばれることになる。

サルデーニャ王国において、個々人の正義と自由を保障することを誓う。諸政党の横暴から、いかなる名前でも、目的が何であれ、政党に参加した人の地位にかかわらず、民族を救うことを誓う。この約束、この宣言は、いまや機能しなくなった議会を解散し、直ちに新たな議会を招集するために行われる。しかし、選挙民が協力を否定するなら、未来の責任はわたしにはない。生じるであろう混乱を後悔するのはわたしではなく、かれらである。

図版7−4　モンカリエーリ城

それは、最初に「個々人の正義と自由を保障する」として、アルベルト憲章を遵守し、それに従うと述べている。そのうえで、休戦協定に反対する保守派と民主派による議会の混乱を収拾するために、戦争を望まない穏和的自由主義の候補者に投票を呼びかけるものであった。

カヴールは、もしダゼーリョ内閣の支持勢力である穏和的自由主義者が敗北することになれば、誕生したばかりの「立憲体制の終焉」になると、「モンカリエーリ宣言」に反対していた。

サルデーニャ王国の「離陸」

一八四九年一二月九日に選挙が行われた。「モンカリエーリ宣言」効果は圧倒的で、イタリア王国誕生までの一〇年間の選挙でもっとも高い投票率を示し、穏和的自由主義者が圧勝した。議会は、混乱の種であったオーストリアとの講和条約を承認した。

「モンカリエーリ宣言」はサヴォイア王家の絶大な威力を示したが、国王の選挙介入、選挙に国王を利用した憲法違反、国王による一種のクーデタという批判も出た。

ただ、「モンカリエーリ宣言」は、その後、「ヴィットーリオ・エマヌエーレ二世の治世の離陸」と呼ばれることになる。それはサルデーニャ王国の立憲体制を守り、サヴォイア王家の民族的使命を確実にしたという意味である。

ダゼーリョは、憲章の遵守を宣言した国王ヴィットーリオ・エマヌエーレ二世を、近代的な国王、「紳士王」として神話化し、サルデーニャ王国の統合のシンボルとして機能させることになる。

ダゼーリョは、サルデーニャ王国の憲章にもとづく政治統合の政治的手法を編み出した。一八五一年に、五月の第二日曜日を「憲章の日」としたことである。イタリア王国が誕生すると「憲章の日」は六月の第一日曜日となった。「憲章の日」はイタリアの国民形成では機能しなかったという否定的な解釈があるが、イタリア統一後の自由主義時代に、トリーノを舞台とするデ・アミーチスの児童書『クオーレ』のなかで、優等生の表彰と憲章記念日が一体化して祝われている。

カヴールは、講和条約や財政にかかわる議論を通じて、穏和的自由主義者のリーダーとして地位を確実なものとし、押しも押されもせぬ政治家の一人となっていった。カヴールは、「手で合図を送るだけで忠実な部下からなる部隊を支配する、中世ドイツの城主」（ロメーオ）と形容されることになる。

サルデーニャ王国が絶対君主制から立憲君主制へ、そして代議君主制へと発展し、自由主義的発展の前提をつくり、議会主義が定着することができたのは、ダゼーリョとカヴールの二人の政治家に負っている。

シッカルディ法案

ダゼーリョ首相が行った中心的な政策を二つあげることができる。一つはサルデーニャ王国における国家と教会の関係の改革である。もう一つはピエモンテの経済とインフラストラクチャの近代化である（バンティ）。その政策を実際に推進したのがカヴールであった。

カヴールは、「進歩」の展望を開いたアルベルト憲章を基盤に、中世的諸特権を保持する反動的な教会と保守勢力が支配するピエモンテを改革しようとした。かれは、自分に近いシッカルディを法務大臣に就任させ、教会と国家の関係の改革に着手した。カヴールが実際には起草したといわれる（カファーニャ）、法務大臣の名前をとったシッカルディ法案が、一八五〇年二月六日、議会に提出された。それは、聖職者が裁く特別裁判所の廃止、教会が犯罪者をかくま

図版7−5　トリーノのサヴォイア広場にあるシッカルディ法発布を記念するオベリスク

うアジール権の否定、宗教祭日の削減など、国家と社会の世俗化にかかわるものであった。

当然、シッカルディ法案は、教会との抜き差しならない対立を引き起こした。教皇ピウス九世は、国王に書簡を送り、破門をちらつかせて、シッカルディ法の撤回を求めた。国王は困惑しながらも議会の決定に従った。

シッカルディ法案は一八五〇年春に承認された。その法案が成立すると、国王は、シッカルディ法務大臣に、「気をつけよ。責任者はあなたなのだから。もしこの法律にかかわったものが地獄に行くことがあったら、あなただけがそこに行くことになる」、と語ったという。

シッカルディ法によって、「古いピエモンテの社会生活、文化、慣習の全般で見られた、自由主義勢力の革新的改革に反対する」(ロメーオ)聖職者や保守的勢力の基盤は弱まった。しかし、その勢力を根絶し、立憲君主制を確立するまでには、一八五五年四~五月のカラビアーナ危機まで待たねばならなかった。

農商務大臣となったカヴール

フランス、イギリスの旅行に同行した、竹馬の友で、農商務大臣をつとめていたピエトロ・ディ・サンタローザが亡くなった。かれは、教会との関係が悪化していたことで、教会から終油の秘跡を拒否された。

サンタローザの後任に起用されたのが、政治家となって二年目のカヴールであった。かれの農商務大臣就任がすんなり実現したわけではない。能力ある政治家としての評価は高まっていたが、「カフェーやアーケード街以外では、わたしの入閣を語るものはいなかった。ラ・マルモラを除いて、現閣僚の誰もわたしを入閣させようとはしなかった」、とカヴールは友人に語っている。

図版7−6　仕事に専念するカヴールと惰眠をむさぼる人々を描いた風刺画

レーリ農場で悶々としていたカヴールに、ダゼーリョ首相から連絡があった。ダゼーリョは、シッカルディ法案をめぐる議会におけるカヴールの「悪魔的な活動」を評価し、「横柄で、きわめて尊大」ではあるが、かれを農商務大臣に任命した。一八五〇年一〇月のことで、カヴールは四〇歳であった。

自信家のカヴールは、危機的な状況にあった財政を立て直す財務大臣を期待していただけに、格下の農商務大臣に不満であったが、それを引き受けた。

農商務大臣となったカヴールは、水を得た魚のように、自らの担当分野を超えて、八面六臂の活躍を開始することになる。「わたしは政治のための政治は行わない。わが国を良くする政治を行う」と述べていたカヴールは、すべてを政治活動に集中した。朝四時に起床すると書斎で、九時から午後三時までは大臣執務室で仕事をこなし、その後は閣議に出席する日々を送ることになる。

自由貿易主義政策

カヴールは自由貿易主義者であった。かれにとって、経済の自由は政治の自由と双子のようなものであった。政治の自由主義と経済の自由貿易主義は車の両輪のように一体化していた。かれは、「現下のヨーロッパの最大問題は商業問題である」と述べている。それは、一八四六年のイギリスの穀物法をめぐる、保護貿易主義と自由貿易主義の論争の影響を受けたものであった。イギリスの自由貿易主義者による穀物保護法の撤廃にたいする強い関心は、カヴールの「知的活動の出発点」（ロメーオ）であった。

カヴールは、一八四七年一二月に、穀物法を廃止に導いたコブデン宛の書簡のなかで、発刊したばかりの『リソルジメント』紙の基本的な方針を紹介しながら、「わたしたちは真の自由主義原理を定めたが、その第一番はあなた方が唱道する商業の自由である」、と記している。

カヴールは、イギリス首相ロバート・ピールが一八四七年に発表した関税改革を、ピエモンテの「産物にほとんど無限ともいえる販路」を開く経済的利点だけでなく、自由貿易でほかの地域との競争に勝ち抜くための経済的モラルを生み出すものと指摘している。たとえば、アジア産の絹に対抗するために、製品の質を高めることで、競争力を高めることの必要性である。穀物法を廃止し、自由貿易を推進したピールが一八五〇年七月に亡くなった時、カヴールは、「保守主義者であると同時に改革者、精力的であり、穏和的であり、秩序の確固とした保持者、自由の誠実な友」と、ピールを讃えている。

自由貿易を政治的・文化的進歩と考えるカヴールは、五二回に及ぶ議会演説で保護主義者の主張を論破し、ピエモンテを保護貿易から自由貿易へと転換した。カヴールは、フランス、イギリス、ベルギーと、自由貿易主義にもとづく関税改定を行った。サルデーニャ王国の宿敵であるが、広大な領土を保持し、重要な交易国でもあったオーストリアとも通商条約を締結した。プラグマティストのカヴールは、市場原理と民族問題は区分していた。カヴールの「経済的自由主義は民族的自由主義に劣らず重要な政治運動の一部となる」（ロメーオ）。

自由貿易への転換によって、ピエモンテは農産物の輸出、工業製品の輸入が増大し、農業・繊維産業などが発展することになる。カヴールは海軍大臣を兼任すると、蒸気船を導入し、サルデーニャ海軍を強化した。

ダゼーリョの読み通り、自信家のカヴールは傍若無人で、越権的な行動をとるようになり、首相ダゼーリョと対立したばかりでなく、国王からは疎まれることになる。

図版7−7　財務大臣になったころのカヴール

財務大臣を兼務

カヴールは、一八五一年四月、農商務大臣・海軍大臣に加えて、財務大臣も兼ねることになる。財務大臣はカヴールが強く望んでいたもので、かれの広くて深い知見と豊富な経験からして、国王を除いて、反対するものは誰もいなかった。

財務大臣となったカヴールは、危機に陥っていたサルデーニャ王国の財政再建に取り組んだ。第一次独立戦争の戦費と賠償金によって悪化していた赤字財政を改善するために、国内・国外で公債を発行した。

かれは、ジェーノヴァ銀行とトリーノ銀行を合併し、中央銀行に準じるナツィオナーレ銀行を設立して、公債を引き受けさせ、赤字財政の解消に対処した。戦費の調達で大きく依存していたロスチャイルド家から脱却し、イギリスのハンブロ銀行にしだいに切り替えていった。

カヴールは、トリーノ・スーザ間、トリーノ・ノヴァーラ間の鉄道建設のイギリス企業への認可、ルバッティーノ社へのジェーノヴァ・サルデーニャ間の航路の承認、大西洋航路の会社を運営し、機関車製造を行うことになるアンサルド社の創設、ジェーノヴァ港の拡充など、矢継ぎ早に改革を実行した。

カヴールは、財政再建で手腕を発揮し、政治家としての資質を知らしめることになる。待機主義的であったダゼーリョ内閣は、右派や左派の批判をものともしないカヴールの活躍によって、ダイナミックに動き始めた。一段と存在感を増していたカヴールは、ダゼーリョ首相の慎重な態度に「憲章以下でも、以上でもない」と、不満をあらわすようになっていた。

「コンヌービオ」

保守的・反動的な勢力に優柔不断なダゼーリョにたいする不満を強めていたカヴールは、大胆な賭けに打って出た。カヴールがめざしたのは、保守的・反動的な極右と過激な民主主義者の極左を抑えて、議会多数派を形成することであった。

図版7−8　ウルバーノ・ラッタッツィ

カヴールは、中道左派の指導者ウルバーノ・ラッタッツィに接触した。その会合は、正確な時期は明らかではないが、おそらく一八五一年末に、『リソルジメント』紙の同人で、下院議員であったミケランジェロ・カステッリの家でもたれた。出席したのは、カヴール、ラッタッツィ、カステッリのほかに、左派ではあるがカヴールの穏和的自由主義勢力に接近していたドメニコ・ブッファである。

当時、左派は二つの勢力に分裂していた。一つは、極左の急進主義者から「気力のない人々」と呼ばれていた、ラッタッツィを中心とする中道左派のグループである。もう一つはヴァレーリオ、若きアゴスティーノ・デプレーティスなどの「純粋左派」と呼ばれる急進主義者の勢力である。

カヴールは、穏和的自由主義者の「中道右派」と穏健な民主主義者の「中道左派」からなる「第三の政党」として、議会多数派となるグループを一八五二年二月に結成した。それは、共通の敵にたいする「誠意ある自由主義者全員の義務として」「思慮深い自由主義者の目標に賛同する冷静な判断」と「無敵の方陣」を掲げた。保守派の議員は「第三の政党」を、「結婚」、「同棲」を意味する「コンヌービオ」と皮肉を込めて呼び、揶揄した。

カヴール率いる中道右派とラッタッツィ率いる中道左派によって実現した「コンヌービオ」は、「極右」と「極左」の両勢力にたいする防御的な意味があった。それによって、出口の見えない左派と右派の不毛な対立から抜け出し、強力な政府を維持できることになった。

「コンヌービオ」について、カステッリは「カヴールとラッタッツィの二人の名前によって、世論は全体的に受け入れた」と述べている。そのうえで、「コンヌービオ」は「必然的なもので、真の自由主義的・民族的政党を立ちあげるために正しいことであった」と、カステッリは評価している。

カヴール自身が「自らの政治生活のなかでもっとも素晴らしい行動である」（ロメーオ）と述べた「コンヌービオ」は、憲章にもとづく改革と進歩を推進するための政治選択であった。異なる議会勢力が共通する政治目標で結合し、議会多数派を形成する「コンヌービオ」は、政権の掌握を視野に入れた、カヴールの深慮遠謀であったといえる。

それは、目的のために手段を選ばず、自らを危険にさらしかねない勝負師の行動であった。カヴールは、失敗した場合は永久に政治活動を放棄する、成功した場合は一気に政治力を拡大できると、「コンヌービオ」に政治生命をかけていた。

その「コンヌービオ」の成立には、「一二月二日の男」の存在があったことを指摘しておかねばならない。

「一二月二日の男」の存在

「一二月二日の男」とは、ルイ・ナポレオンのことである。かれは、一八四八年一二月、最有力視されていたカヴェニャックを破って、大統領選で勝利した。大統領となったルイ・ポレオンは、「六月事件」で登場した社会主義勢力にたいする恐怖心をあおり、フランスの栄光の再現を強調して保守化した農民層の支持を取り込み、王党派を復権させ、共和主義者の排除を進めた。

かれは、一八五一年一二月二日のクーデタによって、大統領権限を大幅に強化し、武力で議会を解散し、共和派を追放し、王党派を一掃し、新憲法を制定して独裁体制を樹立する。ここに、第二共和制は終わった。カヴールは、ナポレオン三世のクーデタについて、「社会主義への恐怖が、フランス人のなかで、自由への愛に勝った」と記している。

ルイ・ナポレオンは、一八五二年一一月二〇日に行われた国民投票によって圧倒的な支持を得ると、一二月二日のクーデタ記念日に、皇帝に即位し第二帝政を樹立して、ナポレオン三世と称した。これによって、二月革命で大きく左に揺れたフランスの振り子は、右に揺り戻した。フランスのボナパルト的・権威的な体制の樹立によって、イタリア半島で唯一の憲章を保持していたサルデーニャ王国の自由主義的展望の地平は閉ざされるように思えた。カヴールは、ピエモンテでも反動的な体制が出現するのを阻止し、自由主義的改革を確実なものとするために、中道左派のラッタッツィに働きかけて、議会多数派を形成したのである。

「赤」と「黒」に対抗

カヴールは、一八五五年二月の議会演説で、「コンヌービオ」を結成したことを政治的に正当化して、次のように述べている。フランスで一八五一年一二月二日に「革命の妖怪」が失墜した後、ピエモンテでは「アルベルト憲章の諸原理の進歩的で、正常な発展を阻む」ことを狙った「反動的政党」が「危険な」状況をつくり出していた。そこで、「反動勢力が決して乗り越えることができないような十分に高い障壁」をつくるために、「自由と進歩の重要な原理」に同意するすべての人々に呼びかけ、「コンヌービオ」を結成するにいたった。

ルイ・ナポレオンがフランス共和国大統領に選出された一八四八年一二月から、第二帝政を宣言する一八五二年一一月までのフランスの事件を通じて、サルヴァドーリによれば、カヴールは次の三点を悟った。

第一点はピエモンテの運命はフランスの政治から逃れられないということ。第二点はカヴールが制御不能とみなしていた民主主義の進行が抑止されただけでなく、絶たれてしまったこと。第三点は共和制の可能性がなくなったこと。

その認識のうえに、カヴールは、「赤と黒」、すなわち、社会主義だけでなくマッツィーニ主義者のような過激な共和主義者も含む「赤」と、保守反動の教会関係者の「黒」に対抗して、穏和的自由主義者を結集しようとした。カヴールは、教育の分野で絶大な力を保持していたイエズス会の排除に続いて、教会と国家を分離し、社会の世俗化を進める一方で、共和主義勢力の排除、封じ込めを行うことになる。

新聞法案

カヴールがラッタッツィと接触した時、トリーノの議会では新聞法案が議論されていた。その法案は、外国の首長を名誉毀損する新聞報道を統制する内容で、司法大臣の名をとってデ・フォレスタ法と呼ばれた。

その法律は、一八四九年にローマ共和国に軍事介入し、「ローマ共和国を暗殺」（マルクス）したルイ・ナポレオンにたいする共和主義者の批判・攻撃を想定したものであった。

それは、新聞報道の自由に抵触する、保守的な政治的選択であった。カヴールは、新聞を通じた過激な主張を取り締まる新聞法案が言論活動を制限し、自由の発展を阻害するものとして、中道左派と手を組んだ。

カヴールは、新聞による外国の政治指導者にたいする批判・攻撃に対処するには、出版の自由という根本的理念を変更しない修正にとどめるべきであると主張し、新聞法案に反対する穏和な民主主義者、すなわち議会の中道左派を支持した。新聞法案は、一八五二年二月に、カヴールの修正案に沿って、承認された。それは「コンヌービオ」の最初の成果であった。

五月危機

紳士的で温厚なダゼーリョ首相は、カヴールの傲慢不遜な態度に耐えたが、「一緒にやっていくのがむつかしい人物」と辟易し始めていた。カヴールは、議会多数派の形成を確実なものとするために、中道左派の指導者ラッタッツィを下院議長に選出する動きを開始した。

ダゼーリョ首相は、ラッタッツィの下院議長への選出をめぐって、カヴールと激しく対立した。国王もラッタッツィの下院議長就任に反対を表明した。煮え湯を飲まされる思いのダゼーリョ首相は、辞任を表明するが、国王はそれを認めなかった。これは一八五二年の五月危機と呼ばれるものである。

最終的に、下院議長の選出は内閣ではなく、下院の問題であるとして、ラッタッツィは、一八五二年五月に下院議長に選出された。首相に再任されたダゼーリョは、カヴールに替えて、ルイージ・チブラーリオを財務大臣に任命した。

このころ、カヴールがダゼーリョに代わって首相の座に就こうとしているという噂が流れていた。それは、おそらく噂ではなく、カヴールがひそかに企んでいたことかもしれない。

つかの間の休息

自信家のカヴールは、財務大臣のポストを失ったことに落胆することなく、英気を養うために、イギリス・フランスへの旅に出た。一八五二年六月二六日にトリーノを発って、一〇月まで約二ヵ月半にわたって、イギリス・フランスを訪れた。

カヴールは、七月八日にロンドンに着き、内務大臣のパーマストンや、ディズレーリ、コブデン、グラッドストンなどと意見を交えている。それは、サルデーニャ王国の舵取りを明らかに意識したものであったと考えられる。

ただ、カヴールの主たる関心は政治よりも経済で、造船所や工場を視察し、企業家たちと面談している。かれはマンチェスターやリヴァプールといった工業都市だけでなく、スコットランドまで足を延ばしている。その時、かれはスコットランドの詩人で小説家のウォルター・スコットの本をカバンに入れていた。文学的素養を補う意味であったのかもしれない。

この時のイギリス旅行は、大英帝国の偉大さにあらためて驚愕し、「かつてないほどイギリスに心酔した」とカヴールにいわしめるほど、充実したものであった。

「君主的大統領」との謁見

カヴールは八月二九日にイギリスからパリに着いた。かれは、「君主的大統領」、すなわちルイ・ナポレオンに、一八五二年九月五日、エリゼ宮殿で謁見した。

カヴールは、ルイ・ナポレオンと、イタリア問題について具体的なことを話したわけではない。フランスの「君主的大統領」は、サルデーニャ王国の一介の政治家カヴールを「秩序を重んじる、偉大な才能の持ち主」と評価した。カヴールは、ルイ・ナポレオンが「イタリアの事情に精通している」（ロメーオ）と感じ、ヨーロッパの政治的再編成を可能にする人物と確信したようである。

エリゼ宮殿で、カヴールは、のちにフランスの軍事的支援と引き換えにサヴォイア王家のクロティルデ王女が嫁ぐことになるナポレオン・ジェロームと会い、「才能にあふれた優れた意見を持つ若者」という印象を得ている。

ナポレオン三世は、保守的であると同時に革命的であった。その革命とは、「民族性という新しい革命であった」（ロメーオ）。伯父のナポレオン一世のようにヨーロッパを支配する野心を抱いていたルイ・ナポレオンは、一八一五年に承認された古いヨーロッパの枠組み、すなわちフランスを包囲するウィーン体制を修正、打破する野心から、ヨーロッパの民族運動を利用しようとした。

かれは、イタリアだけでなくドイツの民族運動も手段化し、ヨーロッパの国際状況を変えようとした。しかし、それが、いつ、どのような方法で可能となるかは、その時点では誰もわからなかった。

民事婚法

カヴールは、イギリス・フランスの旅行を終えて、一八五二年一〇月中葉に、トリーノに戻った。その時、ダゼーリョ内閣は民事婚法で窮地に立たされていた。

民事婚とは、カトリック教会ではなく、国の行政機関に届け出ることで成立する婚姻である。それは婚姻制度の世俗化、国家と教会の分離にかかわるものであった。

国民の圧倒的多数がカトリック教徒で、アルベルト憲章の第一条にカトリックを国教と定めたサルデーニャ王国において、民事婚法を成立させることは決して容易なことではなかった。国王は教皇ピウス九世の圧力もあり、民事婚に反対の立場を表明していた。

窮地に陥ったダゼーリョは総辞職を決意した。かれは、背信的な行為を行い、個人的には許せない人物であったが、ピエモンテの将来を担える唯一の人物として、後継者にカヴールを国王に推挙した。

国王から嫌われ、疎まれていただけに、首相カヴールの誕生は容易に進まなかった。ラ・マルモラ将軍の進言も受けて、国王は憲章の理念を尊重するとしながらも、民事婚法の撤回をカヴールに求めた。カヴールはそれを受け入れられないとして、首相就任を拒否した。

首相候補に教皇庁に受けの良いバルボの名前が浮上するも、保守派のレーヴェルと同意にいたらなかった。最終的に、国王は、カヴールの首相を「不承不承」認めた。カヴールは首相指名を受理したが、民事婚法では議会の決定に従うことを国王に約束させた。この時、カヴールは、王権にたいして議会の優位を認めさせた。

Ⅷ 「大内閣」の成立

首相となる

政界にはいって四年、初入閣から二年、一八五二年一一月、カヴールはサルデーニャ王国の首相となった。「大内閣」と呼ばれることになるカヴール第一次内閣は、一八五五年末まで継続する。

カヴールは、専制君主から抜け出せない国王と閣僚人事で対立が生じたが、巧みに国王を説得した。カヴールは首相と財務大臣を兼任して、「コンヌービオ」にもとづく内閣の発足にこぎつけた。ラッタッツィは一八五三年に司法大臣、一八五四年に内務大臣をつとめている。

カヴールが最初に取り組んだのは、ダゼーリョ内閣がやり残した民事婚法であった。国王は教皇ピウス九世と個人的に接触し、宗教婚の廃止はないと秘密裏に伝えていた。カヴールはある部分で国王の行動を放任しているが、それは対立を避ける意図もあった。

試練に耐え

カヴールの政治手法は、慎重居士のダゼーリョとは全く異なり、急進的で、大胆であった。かれは、民事婚法が成立すると、税制の改革による財政の再建に着手した。第一次カヴール内閣の主要目標は財政再建であった。

カヴールが推進した「進歩」の一つ、一つが実現した。一八五三年一月に、サルデーニャ王国で最初の電信線がトリーノとフランスのシャンベリ間に開通し、カヴールが最初の電信を送っている。三月にはトリーノとパリ、ロンドン、ベルギーなどと国際電信が開通している。同じく三月にはトリーノ・サヴィリアーノ（クーネオ）間、五二キロの鉄道が開通した。一八五四年二月にはトリーノ・ジェーノヴァ間の鉄道が開通した。

政権を掌握してから二年間は、カヴールにとって、試練の時期であった。次々に起こる自然災害やオーストリアへの対応に、さすがの自信家のカヴールも、「（首相となって）二年間、わたしは災難を乗り切ることばかりしてきた」、と友人に弱音を吐いている。

一八五三年の凶作による食料価格の高騰、クリミア戦争によってロシア産小麦の輸入が困難になったこと、ブドウと蚕の病気の発生などが重なり、ピエモンテは未曽有の危機に瀕した。食料価格の高騰に抗議する民衆がカヴール邸を襲う事件が一〇月一八日に起こった。

社会擾乱はピエモンテ各地に広がった。一八五三年末に起こったヴァール・ダオスタにおける暴動はとりわけ過激で、政治的なものであった。それを指導したのは教区司祭で、「国王万歳、憲章廃棄」の声が聞かれた。その時、カヴールは、「歯を食いしばって逆境に対処した」、とのちに述べている。

オーストリアとの関係悪化

カヴールが首相に就任して間もなく、オーストリアとの関係が悪化した。オーストリアは、一八四八年の「ミラーノの五日間」を指導し、トリーノに亡命し、サルデーニャ王国の市民権を得ていたパッラヴィチーノなど、ロンバルディーアの大貴族の財産を没収する措置をとった。その理由は、かれらの財産収入が、マッツィーニ主義者の活動資金となっているというものであった。

それには、マッツィーニ主義者の蜂起が影響していた。一八五三年二月六日、マッツィーニ主義者のミラーノの職人たちがオーストリア軍駐屯所を襲い、武器を奪い、反乱を企てた。それはオーストリア軍にあえなく鎮圧された。

カヴールは、ピエモンテの市民権を有する亡命者の財産を守るために毅然とした態度をとり、オーストリアに対決姿勢を示した。そのことで、かれはイタリアの愛国者の注目と期待を集め始めることになる。

一八五三年一二月に選挙が行われた。その結果は、カヴールの議会多数派が一三〇名、左派の共和主義者などが五二名、反動的な保守主義者が二二名であった。その勝利を踏まえて、カヴールは、共和主義者をさらに追い込むとともに、反教権政策をとることになる。

カラビアーナ危機

カヴールは、国家予算から聖職者への生活手当を削除する法案を、一八五四年一一月に提出した。それは修道院法案と呼ばれるものである。

その法案は、病人の介護を行う社会奉仕団体の「スオーレ・ディ・カリタ」と、民衆教育活動を行う「スオーレ・ディ・サン・ジュゼッペ」を例外として、サルデーニャ王国のすべての聖職者の団体、教会の維持・発展を目的とする信徒会の廃止を求めるものであった。カヴールは、廃止した修道院の財産を国有化し、土地や建物を売却し、緊迫した国家財政を立て直そうとした。

この法案に、高位聖職者など保守派が多数を占める上院は激しく反対した。国王も、一八五五年二月に教皇ピウス九世に、「修道院に関する法案に投票させないようにする。数日のうちに、この内閣は崩壊するであろう」、と書き送った。

この法案に国王が反対したのには、カヴールとの対立のほかに、次のような背景があったことを指摘しておこう。一八五五年一月から二月にかけて、王太后マリーア・テレーザ、王妃マリーア・アデライデ、弟のジェーノヴァ公フェルディナンドが立て続けに亡くなった。迷信深い国王は、この連続した王室の不幸を修道院法案の罰であると考えるようになっていた。

修道院法案は、一八五五年三月、下院では賛成一一六、反対三六で可決された。その時、教会関係者の扇動もあり、修道院法に反対する嘆願書への署名は一〇万人にものぼり、教会は修道院を救うために祈る信者であふれていた。

保守主義者や聖職者が多数を占める保守派の牙城であった上院では、カザーレの大司教で、上院議員のルイージ・カラビアーナを中心とする上院議員が、政府提案の法案に対抗して修正案を提出した。

それは、修道院を廃止することなく、司教区で集めた寄付九〇万リラを聖職者の生活手当に当てるというものであった。その提案は、修道院法案の本質を歪曲し、骨抜きにする政治的な意図を持っていた。カラビアーナの提案は、カヴール政権の弱体化を狙った、宗教の政治への介入であった。

上院でカラビアーナの提案についての議論が始まり、修道院法案は否決され、カヴールは首相を辞任した。国王は、右派のジャーコモ・デュランド将軍を首相にし、教会関係者と妥協し、難局を乗り切ろうとした。その時、ダゼーリョは国王に次のような書簡を送っている。

殿下はおとりになった道を進まないでください。修道士の悪だくみはいつの日か王国の業績を破壊し、憲章を揺り動かし、理想的な目標を覆い隠すことになるでしょう。

ダゼーリョの諫言が功を奏したのか、国王は、デュランドをあきらめ、辞任したばかりのカヴールを再び首相に任命した。第二次カヴール内閣が成立した。
上院で議論が再開された。カヴールが徹底的に批判したのは托鉢修道会であった。かれは、托鉢修道会を、労働を拒否し、無為を助長し、近代的な労働倫理に反する有害な存在とみなした。そのうえで、カヴールは、宗教団体の施設が完全に消滅するまで、そこに修道士たちは住むことができるという修正案を提出した。修正法案は賛成五三票、反対四二票で承認された上院に続いて、下院でも再承認された。

ちなみに、修道院法の施行から十数年後の調査によれば、廃止された教会施設は三三三五、対象となった男子の聖職者は三七三三人、修道女は一七五六人であった。

カヴールは、修道院法の成立について、「長い間もがき続けたどろ沼からようやく抜け出すことができた」、「本当にうれしい。この呪われた法律で味わった多くのいやなことをすべて忘れさせてくれる」、と述べた。

サルデーニャ王国における民事婚法、修道院法をめぐる教会との対立は、ドイツ宰相ビスマルクが一八七〇年代に

図版8−1　1855年に首相に復帰したカヴールの風刺画

行ったカトリック教会と国家の戦い、いわゆる文化闘争と同質的であった。その後、サルデーニャ王国における教会の政治への影響力は確実に弱体化し、社会の世俗化へと大きく進むことになったことはいうまでもない。

立憲代議制へと進む

カラビアーナ危機後に、国王と議会の関係でも、重要な変化が生じた。国王は修道院法に反対であったが、それが承認されると議会の決定に従わねばならなくなる。ヴィットーリオ・エマヌエーレ二世は、国王に即位して一年間あまり、大臣に自分で選んだ人物を送り込むことができ、内閣をコントロールし、政治決定を変更することができた。

しかし、カヴールが首相となった一八五二年一一月から状況はしだいに変化し、一八五五年の修道院法の承認後、国王は下院の多数派の意志に従うことになり、議会多数派を占める政府を国王が承認する原理が確立された。そのことは、サルデーニャ王国の立憲代議制できわめて大きな意味を持つことになる（バンティ）。すなわち、修道院法は、教会と国家の関係を根本的に変えただけでなく、サルデーニャ王国の立憲政治の発展に大きな影響をもたらした。この法案に反対した国王が政治的に敗北したのにたいして、カヴールは「全体として議会の、とくに下院の権限を、政府の責任制の保証のように」、事実上確立した。

サルデーニャ王国の統治は「国王の政府」から「議会の政府」へ、少数のものが主導する「寡頭的議会制」から「自由主義的な議院内閣制」へと変化し、国王は実質的に統合の象徴として機能することになる。

「モンカリエーリ宣言」は遠い昔のことのように思われた。議会と国王の関係について、法律学者は一八四九年のアルベルト憲章によって立憲制にもとづく議会制が実現したとする傾向がある。他方、歴史研究者は下院の優位が成立するカヴール時代、とくにカラビアーナ危機以降と考えている（ロメーオ）。

Ⅸ　内政から外交へ

東方問題の発生

ピエモンテで教会と国家が激しく対立していた時、ロシアとヨーロッパの関係に緊張が走った。東方問題の発生である。東方問題とは、ロシアがオスマン帝国の弱体化に乗じてバルカン半島・黒海へ進出した、いわゆる南下政策で生じた国際的な政治危機である。

ロシア皇帝ニコライ一世は、オスマン帝国領内に住むギリシア正教徒の保護が拒否されたことを口実に、すべてのキリスト教徒の保護権を認めることをスルタンに求めた。この要求は、カトリック教徒がフランスの保護下におかれていたことで、フランスとの対立を惹起した。

ニコライ一世の判断は、ナポレオン三世が戦争に踏み切ることはなく、オーストリアもイギリスもロシアの拡張政策に反対しないというものであった。ロシアは、一八五三年六月にオスマン帝国支配のモルダヴィアとワラキア両公国を占領した。これにたいして、イギリスとフランスは、オスマン帝国を支持して、同盟を締結した。

オーストリアのフランツ・ヨーゼフ皇帝は、ロシアのバルカン半島への進出は脅威であるが、イギリス・フランス同盟に加わるか、それとも中立かと迷っていた。結局、オーストリアはロシアの拡大主義を批判しただけで、中立の立場をとった。

カヴールは、オーストリアが神聖同盟の記憶や一八四九年に受けた支援への恩義からロシアに与し、戦争は拡大すると予測していたが、それは外れた。

クリミア戦争

ナポレオン三世とイギリス（パーマストン内閣）は、オスマン帝国を支持し、ロシアに宣戦布告した（一八五四年三月）。いわゆるクリミア戦争である。

フランス軍三万、イギリス軍二万一〇〇〇、オスマン帝国軍六〇〇〇の部隊がクリミア半島に上陸した。セヴァストーポリ要塞を守るロシア軍の五万の守備隊との攻防戦となった。セヴァストーポリ南側に陣取ったイギリス・フランス同盟軍は苦戦を強いられたうえに、コレラが蔓延し、補給も困難で、戦いは長期化した。

イギリスは、サルデーニャ王国に参戦を要請した。その際に、イギリスはサルデーニャ王国の派遣部隊に資金提供を行うとしたが、カヴールはそれを拒否した。理由は、サルデーニャ軍を傭兵部隊のように扱おうとしたイギリスにたいして、サルデーニャ王国と軍隊の名誉を守るためであった。

独断による参戦決定

カヴールは、苦戦を強いられていたイギリスによる再度の要請を受けて、参戦を決意した。かれは、陸軍大臣や外務大臣の反対を押し切り、イギリス・フランス同盟への無条件参加を、

図版9−1　軍服姿のカヴールが先頭に立ってクリミア戦争に参戦する風刺画

一八五五年一月一〇日、まさに独断で決定した。

カヴールは、財政的危機や修道院法をめぐる教会との対立などの国内問題から、当初は直接的な利害のないクリミア戦争への参戦を考えていなかった。くわえて、カヴールは「クリミア戦争は不必要な戦争」とも考えていた（ロメーオ）。

だが、カヴールは、クリミア戦争への参戦がイギリスとフランス両国に恩を売るまたとない機会であり、講和会議というヨーロッパの国際政治の大舞台にサルデーニャ王国を登場させる、千載一遇のチャンスと考えるようになった。

サルデーニャ王国には、大国オーストリアと独力で戦い、サヴォイア王家の伝統的願望であるロンバルディーアへの領土拡大を実現するだけの戦力はなかった。そのことは、一八四八年の独立戦争で、いやというほど思い知らされていた。そのために、カヴールは、まずはヨーロッパの大国の後ろ盾をつくろうとした。

先見の明のある、カヴールの外交政策の傑作とみなされるクリミア戦争への参戦決定は、カヴールのきわめて大胆な賭けであり、類まれな政治判断によるものであった。かれは、ピエモンテと利害関係のない戦争に加わる口実と時期について迷った。

この時期のカヴールは、生来の楽天的な性格を変えるほどに、仕事に没頭した。友人のカステッリは、「力ずくでかれを執務室から連れ出さねばならなかった」、と述べている。

危機的な状況にあった首相の座

クリミア戦争への参戦を決意した時、カヴールは首相の地位を追われかねない状況にあった。修道院法にたいする聖職者・保守派の抵抗によって、ピエモンテの自由主義的改革が暗礁に乗りあげていた。

国王は、カヴールに替えて、保守派のリーダーであるレーヴェルを首相にしようと、イギリスとフランスに打診していた。カヴールは国王の行動を制御しなければならなかった。イギリスはカヴールの更迭について意見を表明しなかったが、フランスは右派内閣の成立に反対した。苦慮した国王は、カヴールの続投を認めざるを得なかった。

カヴールは、参戦を望み、自ら軍隊を率いてクリミアに行くつもりでいる国王の行動を封じ、政治への介入を阻止するのと引き換えに、サルデーニャ王国のロンバルディーアへの領土拡大という国王の主張を支持した。

イギリス・フランス両国は、クリミア戦争中に、中立を表明していたオーストリアからの攻撃を受けた場合は、ピエモンテへの支援をカヴールに約束した。カヴールを取り巻く環境は整った。

イタリアの穏和的自由主義者の多くがカヴールの決定を支持した。しかし、一八五三年二月のミラーノ蜂起の失敗後に、「行動党」を結成していたマッツィーニは、イタリアの独立と統一の問題を外交化したとして、カヴールを批判し、サルデーニャ軍兵士に脱走を呼びかけていた。

参戦決定によって、サルデーニャ王国は国内の政治対立・抗争から、一気にクリミア戦争へと進むことになる。

「イタリアの政治」の意味

カヴールは、イギリス・フランス同盟への参加にかかわる議論において、イタリアと民族についてしばしば言及している。一八五五年二月六日の議会で、クリミア戦争へのイタリアの寄与にかかわる質問にたいして、カヴールは、次のように答弁している。

第一は、イタリアは自由にもとづき、手堅く統治するに十分な文明的な判断力を有し、周知のような最高で完全な政府を備えていることを、まずヨーロッパに示すことである。第二は、（サヴォイア王家の）先祖代々の軍事的能力と、イタリアの子どもたちが栄光ある戦場で勇敢に戦うことができることを示すことである。

くわえて、カヴールは、「われわれの哀れな長靴（イタリア半島）を再興させるための計画」（一八五五年一二月九日）といった発言もしている。ここでも指摘しておかねばならないが、カヴールの語るイタリアはピエモンテを言及したもので、イタリア全土の独立・統一を意味するものではなかった。その時、イタリア統一を志向していた政治指導者はマッツィーニだけであった。カヴールは、ヨーロッパ外交によってもたらされるロンバルディーアへの領土拡大の可能性を期待していた。それが一八五五〜五六年のカヴールの「イタリアの政治」であった。その考えは、一八五六年三月のパリ講和会議から一八六〇年三月の住民投票による中部イタリア併合の時期まで続いた。

サルデーニャ軍の軍事的貢献

クリミア戦争へのサルデーニャ軍の派遣が決定すると、ピエモンテでは政治的対立を超越した、戦争に向けた一体感が生まれた。

サルデーニャ王国は、一八五五年三月、ロシアに宣戦布告を行った。ラ・マルモラ将軍率い

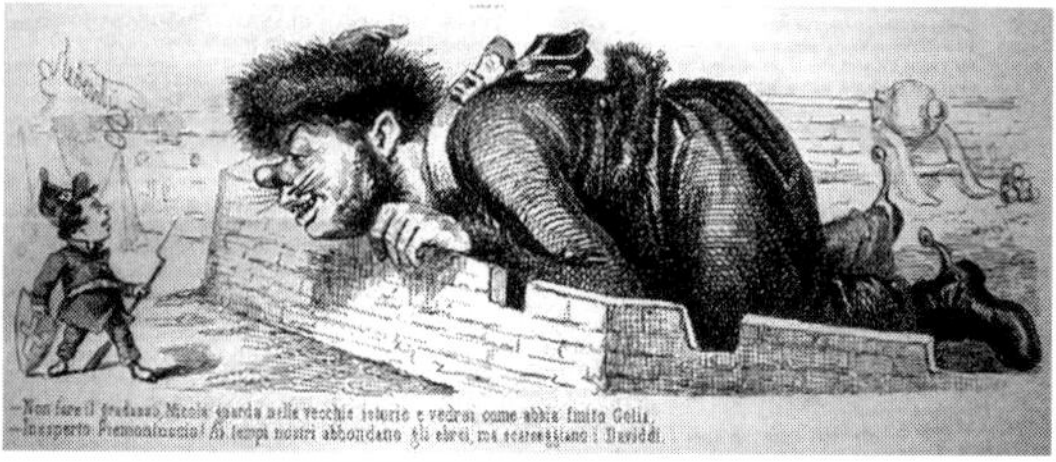

図版9−2　クリミア戦争で戦った、左側は小国ピエモンテ、右側は大国ロシア

る派遣軍一万八〇〇〇人がクリミアに向けてラ・スペーツィアを出港し、五月九日にクリミアに到着した。派遣軍の到着が遅れて、オーストリアによる調停で戦争が終結しているのではないかと、カヴールの心配は尽きなかった。

クリミア半島でサルデーニャ軍が戦ったのは、主戦場ではなく、チョルナヤ戦線である。ロシア海軍を全滅させ、クリミア戦争に決着をつけたセヴァストーポリの戦いでは、サルデーニャ軍は監視の役割が与えられた。

中立を宣言していたオーストリアがロシア国境に軍隊を集結して圧力を加えたことで、ロシアの孤立が決定的となった。八月にセヴァストーポリが陥落し、ロシアの敗北で戦争は終わった。

サルデーニャ軍は二〇〇〇人近い戦死者を出したが、そのほとんどがコレラによる病死であった。実際に戦いで亡くなったのはチョルナヤ戦線での一四名であった。

カヴールは、ピエモンテの軍事的貢献が限定的なものであることを十分に理解していた。それだけに、かれはチョルナヤでのサルデーニャ軍の戦いを輝かしい成果として称賛することに努めた。

カヴールは、ピエモンテが講和をめぐる外交交渉の蚊帳の外におかれていたこともあり、外交の根回しのために、国王のパリ・ロンドン訪問を計画した。当初、カヴールはトリーノにとどまることを考えていたが、ヨーロッパ外交の晴れの舞台で国王に粗相があってはならないと、同行することにした。

出発にあたって、カヴールは、フランス・イギリスの印象を少しでも良くするために、国王の自慢の顎鬚を一〇センチほど短くさせている。カヴールは国王をヨーロッパの君主にふさわしい外見に正そうとしたのである。

国王の一行は、ピエモンテのカトリック教会との抗争にたいする共感もあって、ロンドンで熱狂的な歓迎を受けた。国王はヴィクトリア女王にも表敬訪問を行った。国王は、パーマストン首相に参戦の見返りとして領土割譲を要求したが、受け入れられなかった。「将来、実を結ぶことになる種を播いた」というカヴールの言葉が、ロンドン訪問の成果を物語っている。

フランスでは、オーストリアを刺激しないという配慮もあって、国王への歓迎は控えめなものであった。パリの社交界では、田舎者丸出しの国王の、朴訥な、いささか品を欠くジョークが話題となった。カヴールはといえば、例のごとく、寸暇を惜しんで、情報収集に奔走している。
国王は皇帝ナポレオン三世からチュイルリー宮殿への招待を受けた。一二月八日に開かれた昼食会の後、ナポレオン三世は、出し抜けに、イタリア統一の歴史で語り継がれることになる重要な言葉を発した。それを、カヴールは一八五五年一二月九日付のダゼーリョ宛の手紙に記している。

わたしがイタリアのためにできることを信じて、ヴァレフスキ（ナポレオン一世とポーランドの伯爵夫人の間に生まれた）外務大臣に内々に手紙を書きなさい。

この言葉こそ、カヴールが待ち望んでいたものであった。それはナポレオン三世を味方につける可能性があることを意味した。オーストリアをイタリアから放逐し、ロンバルディーアへの領土拡大を望むサルデーニャ王国の支援者が現れたということであった。ちなみに、外務大臣ヴァレフスキはイタリア問題に介入することに徹底的に反対した。
ただ、この時点で、ナポレオン三世がオーストリアとの戦争を前提として、イタリア問題にコミットする決心をしていたとはいえない。それにはもう少し時間が必要であった。

パリ講和会議

パリ講和会議が一八五六年二月に始まった。カヴールは、講和会議での成果は乏しいと考えて、ダゼーリョを参加させるつもりでいたが、参戦を決定した責任もあり、講和会議に出席した。サルデーニャ王国には全体会議への参加は保障されていなかった。しかし、イギリスとフランスの外交的な支持もあり、サルデーニャ王国の会議参加に特別な制限は行わず、全体会議への参加はピエモンテの意思に任せるということになった。

図版9−3　パリ講和会議の出席者。左端がカヴール

その決定はサルデーニャ王国の未来を決定づける、まさにターニング・ポイントであった。その時から、カヴールの権謀術策を弄した外交交渉が始まる。

クリミア戦争の講和をめぐる交渉は困難をきわめた。今であれば倫理的・道義的に問題となるような手段を、カヴールは駆使した。会議参加国のロシアやオスマン帝国にたいする賄賂工作も行われたという。それはカヴールに限られたものではなく、一九世紀のヨーロッパ外交の現実であった。

オーストリアを告発

カヴールは、サルデーニャ王国がイタリアを代表する国として、イタリア半島のオーストリア支配に起因する諸問題をヨーロッパ列強に知らしめ、外交的支持を得ることに専念した。そして、あわよくば戦勝国の一員として、何らかの領土獲得を期待した。全体会議とは別に、イタリア問題を討議する場が設けられた。会議の議長をつとめたのは、フランスの外務大臣ヴァレフスキであった。

発言を認められたカヴールは、イタリアの民衆の不満と擾乱を惹起する根本的な要因がオーストリア支配とそれを後ろ盾とする教会国家の悪政にあることを告発した。イギリスの外務大臣クラレンドンは両シチリア王国と、教会国家の悪政を批判した。

中立の立場をとったオーストリアは、戦火を消すことに貢献したことで、パリの講和会議に出席の資格を得ていた。オーストリア大使は、イギリスの質問に答えることなく、サルデーニャ王国がモナコ公国を軍事的に支配していることを指摘し、オーストリアのロンバルディーア支配は平和的に承認されたものであると反論した。

カヴールの策略は「らくだが針の穴を通る方がまだ易しい」（マタイ伝一九章一六―二六節）といわれた。カヴールは、会議の成果がオーストリア支配にたいする告発以外にはなく、英仏の支援も不確かなまま、手ぶらでの帰国となることを恐れながらも、「イタリア問題の唯一の現実的・効果的な解決法は大砲」（ロメーオ）しかないことを明示したことを、成功とみなしていた。

ワラキアとモルダヴィア

転んでもただでは起きないカヴールは、困難であることを承知のうえで、一縷の望みを持って、裏交渉で、領土獲得を画策している。

ドナウ川流域に位置する、ロシアが占領したワラキアとモルダヴィアの二つの公国は、オーストリアの管理下におかれていた。イギリス、オーストリアは、二つの公国を分割して、オスマン帝国の支配下におくことを主張した。フランス、プロイセン、ロシアは二つの公国を統合し、独立国家とすることを主張した。

オーストリアは、スラブの民族運動を激化することになるとして、ロシアの進出を恐れるイギリスとともに、フランスなどが主張する統合案に反対した。カヴールにとって、期待していたイギリスがオーストリアと同じ立場をとったことは大きな失望であった。

カヴールは、ロシアに代わってオーストリアが二つの公国を支配することになれば、イタリアにたいする影響力が拡大することになることを恐れ、フランスなどが主張する統合案に賛同した。

その一方で、カヴールは、中部イタリアのモーデナ公とパルマ公をワラキアとモルダヴィアにそれぞれ転付させ、モーデナとパルマの二つの公国をサルデーニャ王国に併合しようとした。これにたいして、イギリスはプロテスタントの主張を考慮して支持を表明したが、フランスの支持はカトリック勢力の反対もあって得られなかった。

ちなみに、パリ講和条約で、ワラキアとモルダヴィアにおけるオスマン帝国の宗主権が認められた。この二つの公国はのちにルーマニアとなる。

パリ講和会議で得た確信

カヴールは、パリ講和会議への参加をとりつけ、イタリア問題に関する会議を開催させ、ヨーロッパ列強にイタリア問題を知らしめた。カヴールは、パリ講和会議で領土の獲得といった具体的な成果を得ることはなかったが、将来にかかわる、いくつかの確信を得た。

一つ目は、クリミア戦争の勝利者であるナポレオン三世がウィーン会議で決定されたヨーロッパの政治体制の修正という野心を持っていること。二つ目は、ピエモンテの将来はオーストリアに代わってイタリアを支配するという野心を持つナポレオン三世との協力にかかっていること。三つ目は、イギリスの「精神的な支持」ではなく、フランスの実質的な「軍事的な支援」を求めるべきであること。

ただ、カヴールは、イタリア支配の野心を持つナポレオン三世の餌食にならないために、イタリア問題に古くから共感を抱き、フランスを警戒していたイギリスとの関係は保持した。しかし、イギリスからは具体的な支援はなく、プラトニックなものに終わることになる。

「アリアドネーの糸」

カヴールは、「アリアドネーの糸」を持っていた（カファーニャ）。「アリアドネーの糸」はギリシア神話に由来する。クレータ王ミーノースは、息子アンドロゲオースが殺されたことで、アテーナイを攻撃した。アテーナイは、毎年七人の少女・少年を牛頭人身の怪物ミーノータウロス（ミーノースの牡牛）の生贄として、クレータに差し出すことになった。

クレータ王の娘アリアドネーは生贄としてクレータにやってきたアテーナイの英雄テーセウスに恋をした。自分をアテーナイに連れて帰り、妻とすることを条件に、テーセウスに迷宮（ラビュリントス）から脱出するための糸玉を与え、入口の扉に糸を結び、それを繰りながら迷宮へとはいるよう伝えた。

テーセウスは迷宮でミーノータウロスを殺すと、糸玉を伝って迷宮から脱出することができた。テーセウスはアリアドネーとともにクレータを脱出し、結婚した。このことから、「アリアドネーの糸」は目的達成の道しるべを意味する。

カヴールは、「アリアドネーの糸」を手繰るように、イタリア問題の解決を実現するために、クリミア戦争後に動き始めたヨーロッパ政治のなかで、目的達成の糸を慎重、かつ大胆に手繰ることになる。

オーストリアとの高まる緊張

カヴールは、二ヵ月間にわたって苦闘したパリ講和会議で具体的な成果を得ることなく、トリーノに戻ったが、苦境に立たされることはなかった。国王はかれの働きを認め、最高位のアヌンツィアータ大勲章を授与した。

授与式を終えて自宅に戻ったカヴールが、「授与されたばかりの大勲章を見せた」時に、「眼鏡の奥で、かれの目から涙が流れ落ちるのを見た」と、古い友人のサルムールは記している。

パリ講和会議の報告のために議場にはいったカヴールは、万雷の拍手で迎えられた。かれは教会国家の悪政に苦悩する人々の現状を知らしめ、ヨーロッパ列強の関心をイタリアに向けさせたことを語った。その演説を締めくくった言葉は、オーストリアとピエモンテの関係が「かつてないほど一致から遠ざかっており」、両国は「両立しがたい」というものであった。

一八五六年末、オーストリアとピエモンテの間で緊張が高まった。皇帝フランツ・ヨーゼフ夫妻がロンバルド・ヴェーネト王国に長期滞在し、皇帝の弟マクシミリアン大公に統治を委ねた。皇帝のミラーノ滞在中に、ピエモンテの上院議員が、一八四八年の反オーストリア活動を理由に、ミラーノから追放される事件が起こった。

カヴールはこの機会を逃さず、オーストリアに激しく抗議した。パリ講和会議で孤立したオーストリアは、敵対的な報道をエスカレートさせるピエモンテの新聞を批判した。一八五七年二月、両国はそれぞれ大使を召還し、関係が極度に悪化した。カヴールの挑発は成功した。その時、カヴールは友人のカステッリに次のように語っている。

あらゆる計画、あらゆる企ては役に立たない。すべて一つの偶発的事件によって決まる。その時に幸運の女神の前髪をつかめるかどうかである。

たしかに、カヴールは、「歴史は大きな即興劇」として、強引にでも運をつかむ能力に恵まれていた。忍耐強く時を待ち、時が来たと判断すれば攻撃的に猛進する、これがカヴールの一貫した戦術であった。

二つの賭け

カヴールは、パリ講和会議の時点で、対外的にはどの国からも明確な支持を得ていなかった。

イタリアでは民族問題を外交問題に替えたというマッツィーニのカヴール批判が出ていた。

カヴールがめざしていたのは北イタリアからオーストリアを排除することであった。しかし、オーストリアを排除して、サルデーニャ王国がロンバルディーアに領土拡大することは、サルデーニャ王国の利害を反映するものとして、イタリアの自由主義者や民主主義者の反発を引き起こすだけに、慎重にならざるを得なかった。

カヴールは、クリミア戦争の成果は具体的に何もなかったので、参戦という選択を正当化する唯一の根拠として、「ピエモンテの自由主義陣営の政策とイタリアの民族運動の目標を一致させるしかなかった」（ロメーオ）。

カヴールは一か八かの、きわめて大胆な二つの勝負に打って出た。一つ目は対外的な賭けである。カヴールは、ヨーロッパ諸国にたいして、革命をともなわない、イタリアの独立という展望の唯一の代弁者がピエモンテであることを示した。それは、「（ピエモンテの）国王の政府が革命的な風潮の防波堤となりうる、イタリアで唯一の保守的政権」（ロメーオ）であるということである。そのことについて、カヴール支持のトリーノの新聞は、『タイムズ』紙の報道を引用する形で、ウィーン会議から四〇年をへて、初めてイタリアの名において、イタリア国家が語られたと書いている。

二つ目は国内向けの賭けである。それは、「民族と君主制の権利の確固たる基礎のうえに」、イタリア王国が樹立されることを明示した。カヴールは、イタリア全土の愛国者に向けて、とりわけマッツィーニ主義に失望した人々に向けて、ピエモンテこそがヨーロッパ外交の代弁者であり、仲介者であることを示した。

カヴールがマッツィーニ主義者を除外して、民主主義者を懐柔し、ピエモンテ主導の方向へと導くことを開始したことを知ることができるのが、一八五六年四月一二日にパリからラッタッツィに送った手紙である。

わたしはダニエーレ・マニンと長時間にわたって会談した。かれはいつものように空想的で、もっぱら民衆を動員する戦争という考えを捨てておらず、イタリア統一を望んでいる。

図版9－4　ダニエーレ・マニン

ダニエーレ・マニンは、一八四八年のヴェネツィア共和国の指導者で、その崩壊後にパリに亡命していた共和主義者である。カヴールは、少なくとも過激なマッツィーニとは異なる道を探っていたとはいえ、共和主義者のマニンと会談したのである。

ちなみに、マニンは、カヴールと会った後、一八五六年五月二六日の『タイムズ』紙に寄稿し、成功の可能性のない共和主義革命に若者を駆り立てるマッツィーニを「短剣の理論」、「政治的暗殺の理論」の主張者と批判している。

カヴールのマニンとの会談の目的は、マッツィーニと袂を分かった民主主義者をも巻き込んだ勢力をつくることであった。一八五九年三月にコスタンティーノ・ニーグラに書き送った書簡は、このカヴールの賭けを、より明確に示している。それは、カヴールの方針に、「無条件に、絶対的に従うもの全員」を統合し、マッツィーニ主義者をいかなる犠牲を払っても排除し、戦争が開始されたら、サルデーニャ王国の旗を「高く、しっかりと」掲げる、と記されている。

この国外と国内の二つの賭けに、カヴールは二人の人物を配置した。一人はカヴールの私設外交官のように活躍するニーグラである。もう一人は、イタリアのなかで親ピエモンテ勢力の形成・拡大を担うことになる、シチリア出身のジュゼッペ・ラ・ファリーナである。二人は、カヴールの車の両輪のように動くことになる。

虎視眈々と獲物を狙う猫

カヴールは、前掲のラッタッツィ宛の書簡で、マニンのイタリア統一の主張を「馬鹿げたこと」と述べているように、一八五六年の時点ではイタリアの統一は考えていなかった。

一八五六年のカヴールの口から、イタリア統一は「馬鹿げたこと」という言葉が偶然に出たわけではない。カヴールは、若い時にイタリア統一を夢見ていたとしても、共和主義者のロマン主義的な統一の主張と、複雑な国際関係を冷徹に踏まえた行動を明確に分離していた。かれは、夢のような計画と具体的な計画を混同するものをいらだたしく思ったのである。

「限界を知らないプラグマティスト」（カファーニャ）のカヴールは、「待ち伏せする猫のように、絶えず、あらゆる機会をとらえて、逃さなかった」。ピエモンテの類まれな政治家カヴールは、他者の成果も横取りするべく、虎視眈々と獲物を狙う猫のような男であった。

見限ったイギリスの支持

パリ講和会議後、カヴールは、ピエモンテの同盟国として、イギリスかフランスかの選択をしなければならなかった。

イタリアに大きな共感を示していたイギリスの伝統的な世論とは異なり、イギリス政府は、一八五〇年末から、ヨーロッパの紛争に巻き込まれることを極力避ける方針をとり、イタリア問題に積極的な支持を表明しなかった。

カヴールは、イギリスの支援を確認するために、ロンドンに向かった。パーマストンの返答は、まずフランスが行動を起こし、イギリスは「おそらく」probably、それに続くであろうという、漠然としたものであった。

イギリスのピエモンテにたいする対応は、「救貧院の前で夜中に身を震わせている貧者に大金持ちが向ける視線」（ロメーオ）と同じであった。カヴールはイギリスに失望し、二度とその地を踏むことはなかった。

カヴールは、保守的なイギリスを見限り、ナポレオン三世のフランスへと傾斜することになる。

ナポレオン三世の支援

パリ講和会議の成功で、ナポレオン三世の人気は、内外で高まった。他方、国際政治の主導権を失ったオーストリアの地位は低下した。カヴールは、大国オーストリアに対抗できる、小国ピエモンテの軍事的・外交的な支援者として、フランスのナポレオン三世に的を絞ることになる。

サルデーニャ王国がオーストリアに勝利するためには、イタリア半島に政治的関心がある「機械仕掛けから出てくる神」deus ex machina、すなわち外国の支援が必要であった。それは、「一二月二日の男」、フランスで権力を掌握していたナポレオン三世であった。

たしかに、ナポレオン三世はイタリアに関心を示していたが、外務大臣ヴァレフスキは「イタリア統一を不可能」と考えていた。パリの全体的な雰囲気は、オーストリアからの独立を求めるイタリア人を「妄想家」とみなすものであった。

ナポレオン三世の秘めた野心は、イタリアやドイツの民族運動を梃子にヨーロッパの勢力均衡を壊し、オーストリアに代わってフランスがヨーロッパ支配を確立し、イタリアを衛星国家とすることであった。

カヴールは、野心的なナポレオン三世をイタリアに引きつける外交戦略をとった。確認しておかねばならないことは、ナポレオン三世が自らの野心を実現するためにピエモンテ、すなわちカヴールをではなく、カヴールが自分の目的、すなわちオーストリアの放逐を実現するために、ナポレオン三世を手段化することである。

図版9―5　フランスのイタリア支配の野心を悟ったカヴールを描いた風刺画

「国民協会」の結成

カヴールはナポレオン三世だけを手段化したのではない。イタリア問題の解決がサルデーニャ王国にしかできないとすれば、ヴィットーリオ・エマヌエーレ二世を国王とするイタリアの統一こそが最良のプログラムと、カヴールは考えた（ロメーオ）。そのた

図版9―6　ジュゼッペ・ラ・ファリーナ

めに、カヴールは、切り崩した民主主義勢力を、ピエモンテの主導権に収斂するために、イタリア全土で情宣活動を行う「国民協会」の結成を背後で促した。

カヴールは、前述のシチリア人亡命者で、マッツィーニと袂を分かったラ・ファリーナと、一八五六年九月一二日、秘密裏に会談した。場所はカヴール家の書斎で、時間は人目を避けて早朝であった。ラ・ファリーナとカヴールの会談を仲介したのは誰か、明らかではない。

会談の内容は、サルデーニャ王国を中心とするイタリア問題の解決であった。それに、前述した共和主義者マニンも乗った。かれも「イタリアが王を持たねばならないとすれば、それはピエモンテの王である」と考えるにいたった。

「国民協会」は、マニンを会長に、ラ・ファリーナを事務局長として、一八五七年八月に結成された。一ヵ月後にマニンが亡くなると、スピールベルグの獄を経験した、ミラーノ出身の亡命者ジョルジョ・パッラヴィチーノ・トリヴルツィオが会長に就いた。それから一年ほど遅れて、一八五八年七月、大衆的な名声を博していた国民的英雄ガリバルディが副会長として「国民協会」に加わった。それによって、「国民協会」の影響力は一段と高まった。

ガリバルディをサヴォイア王家を中心とする運動に巻き込んだことは、カヴールの「天賦の才」とガリバルディの「愛国心」（デ・サンクティス）が共鳴した「歴史的妥協」、「新しいコンヌービオ」（オモデーオ）であった。

マッツィーニの行動

カヴールがラ・ファリーナと密談したころ、マッツィーニはひそかに亡命地のロンドンからイタリアに戻り、トリーノにも足を延ばしている。一八三一年中葉に「青年イタリア」を結成以来、一貫してイタリア統一の主張を続けていたマッツィーニは、一八四八年革命の時期には、統一のために共和国の主張を保留することも表明していた。

カヴールはマッツィーニを泳がせ、かれの行動のすべてを把握している。それは、暗殺も企てるマッツィーニ主義者の活動でナポレオン三世の危機感をあおり、かれをイタリアに引きつける陽動作戦であったのではなかったか。実際に、マッツィーニ主義者のジョヴァンニ・ピアノーリは、一八五五年四月、シャンゼリゼ通りを通っていたナポレオン三世の馬車にたいして暗殺未遂事件を起こしていた。

一八四八年革命後に共和主義者を中心とする亡命者二七〇〇人近くが流入し、「半分は教権主義者で、残りの半分は共和主義者」といわれたマッツィーニの故郷ジェーノヴァで、一八五七年六月、共和主義者の反乱が起こる。

マッツィーニ主義者は、カルロ・ピサカーネによる南部イタリアの蜂起をめざしたサープリ遠征と連動して、ジェーノヴァのサルデーニャ軍施設を襲撃した。この事件は、穏和的自由主義者から反サルデーニャ的行為として、厳しく糾弾された。

カヴールが、マッツィーニ主義者による蜂起が準備されていたことを、把握していないはずがない。カヴールとしては、イタリア問題の主導権を確実にしつつあったサルデーニャの軍施設を共和主義者が襲撃し、ナポレオン三世の暗殺も計画されていたという既成事実をもって、フランスに具体的行動に踏み出させようとしたということも考えられる。それを画策したのは、フランスの警察資料から、その時期にマッツィーニと会っている内務大臣ラッタッツィであったかもしれない。このことについて、ロメーオは次のように指摘している。

政府は（マッツィーニの）企ての準備が何の妨害も受けずに進められるように放置する。その企てから、カヴールは、マッツィーニと競合しながら、自らの目的にもっとも役立つ部分を利用する。それは、三年後の千人隊の出発のときに起きたことと部分的に重なる。

内務大臣ラッタッツィに、マッツィーニ主義者の蜂起を未然に防げなかったことで、批判が集中した。カヴールはラッタッツィの内務大臣の職を解任し、自らその職を兼任した。ここに、カヴールとラッタッツィの、一八五二年以来、安定した議会多数派を形成してきた「コンヌービオ」は終わる。

ラッタッツィとカヴールの関係が元に戻ることはなかった。ラッタッツィは、カヴールが国王から引き離そうとした愛人「ベーラ・ロジーナ」を無条件で認め、国王の信頼を得ることになる。

マッツィーニ主義者の「脱合法化」

カヴールは、朝の四時に起きて、書斎で葉巻を吸いながら『タイムズ』紙を読み、下院に出かけると執務室で報告を受け、午後は国王と面談し、夜は家に戻って仕事を続けた。カヴールはすべてを自分でやらないと気が済まない性格で、有能な部下はいたが、心を許す真の友人はできなかったといわれる。

カヴールは、国内で二つの勢力と戦わねばならなかった。一つは、前述したマッツィーニ主義者である。もう一つは教会関係者の保守反動勢力である。

カヴールは、一八五八年四月の議会演説で、マッツィーニは「祖国の独立」を目的とする「熱烈な愛国心」によって「青年イタリア」を結成したが、一八四八年以降は「政治的暗殺の理論」

によって、アナーキーの種を播き散らす熱狂的な少数の暗殺集団の頭領となり、「高潔な意志と勇敢な精神を持つすべての人」から見放されたと批判した。それを、政治学者サルヴァドーリは共和主義勢力の「脱合法化」と呼んでいる。

カヴールは、「マッツィーニ主義者とのいかなる和解もあり得ない」として、「いかなる例外もなく、かれのすべての追従者を除去する必要がある」、と述べている。カヴールのマッツィーニにたいする敵愾心は、イタリア統一を目前にした一八六〇年一〇月から一一月に頂点に達することになる。カヴールは、君主制を承認していたにもかかわらず、共和主義者であり続けると公言していたガリバルディに、マッツィーニが影響を及ぼすことを徹底的に阻止した。

カトリック勢力の「合法化」

教会関係者からなる極右にたいするカヴールの態度は、マッツィーニにたいするものとは異なり、立憲的カトリック勢力の「合法化」（サルヴァドーリ）であった。カヴールは、カトリック教会の特権と自由主義の原理の均衡を模索している。

一八四〇年代前半に、教皇を長とするイタリア連邦制を展開したジョベルティの主張と関連して、カヴールは、カトリックが進歩と近代文明と折り合うことができると考え、「聖職者との協同はイタリアのリソルジメントの特別の特徴」となると主張している。

カヴールは、一八五七年、自由主義原理と一致したカトリック政党が誕生することを明確に述べている。イタリア王国成立後に明言したカヴールの「自由な国家の自由な教会」という言葉は、そのことを指していた。

ナポレオン三世暗殺未遂事件

恐れていたナポレオン三世暗殺事件が起こった。一八五八年一月一四日、パリのオペラ座に到着したナポレオン三世の乗る馬車に、三つの爆弾が投げられ、八名の死者が出た。皇帝は運よく一命をとりとめた。主犯はマッツィーニ主義者の異端者、フェリーチェ・オルシーニであった。オルシーニは、一八四九年にローマ共和国を攻撃し、崩壊に導いたナポレオン三世の暗殺を企てた。フランスは、皇帝殺しの企ての責任を、ピエモンテ政府に厳しく迫った。ナポレオン三世は、「わたしたちの友情は弱まり、オーストリアと緊密にならざるを得なくなるであろう」、と発言したという。カヴールが築きあげようとしていたフランスとの関係は崩壊の危機に立たされた。

死刑を宣告されたオルシーニは、異例のことであるが、獄中からナポレオン三世に謝罪の書簡を送り、イタリア民族のための行動を訴えた。その公表によって、オルシーニはイタリアの愛国者という名誉を得ることになる。

いつ、ナポレオン三世は決断したのか

ナポレオン三世がイタリア問題に介入し、オーストリアとの戦争を決意したのはいつのことか。それは、ロメーオによれば、一八五七年末から五八年初頭、すなわち、暗殺未遂事件の前のことであった。

ナポレオン三世がイタリア問題に介入する要因について、暗殺事件の再発を恐れたことや、青年時代にカルボネリーア員としてイタリアにかかわったという広く流布してきた解釈を、ロメーオは「論ずるに値しない」ものと一蹴している。そのうえで、ナポレオン三世は暗殺未遂事件以前にイタリア問題への介入を決断しており、暗殺未遂事件、さらにはオルシーニの獄中書簡を自らの野心に利用したものである、とロメーオはいう。

図版9—7　ナポレオン３世の暗殺未遂事件。当時のフランスの新聞挿絵

プロンビエールの密約

暗殺未遂事件から半年後、ナポレオン三世の密使がトリーノを訪れた。それは、フランス北東部のヴォージュにある王室湯治場プロンビエールで、カヴールとの会談の提案であった。カヴールは、そのことを国王とラ・マルモラ将軍にだけ伝えて、プロンビエールに向かった。ナポレオン三世とカヴールの会談は、一八五八年七月二一日、午前と午後、二回にわたって、行われた。その間に、ナポレオン三世が御者をつとめる四輪馬車で、二人だけでの散策も行われた。プロンビエールの会談で、戦争開始はオーストリア側からの攻撃を前提とし、フランスはサルデーニャ王国防衛のために参戦することになった。イタリア半島からオーストリアを放逐した後のイタリア半島の領土編成についても討議された。

図版9－8　散歩するカヴールとナポレオン3世の風刺画

合意された領土再編成は次の四地域であった。第一は、ナポレオン三世が提案した、サヴォイア王家が支配する北イタリア王国である。その領土は、ピエモンテ、ロンバルド・ヴェネト、エミーリア・ロマーニャ地域を含むものであった。ロンバルディーアへの領土拡大を狙っていたサルデーニャ国王にとって、願ってもないことであった。

第二は中部イタリア王国で、トスカーナと教会国家の一部を含むものであったが、支配者については保留された。

第三は両シチリア王国で、領土を変更することなくそのまま維持するが、支配者は特定されなかった。ナポレオン三世は、一八〇八〜一五年までナーポリ王であった、ナポレオン一世の義弟ジョアッキーノ・ミュラの息子ルシアン・ミュラをナーポリ王とすることを考えていたようである。それには、当時ナーポリの亡命者がパリで展開していたミュラ主義の運動が影響していた。

第四は、教皇が支配するローマを含むラツィオ地方である。

秘密協定の付帯事項

プロンビエール秘密協定には、サヴォイア王家にとって身を切るような、二つの付帯事項がついていた。

一つは、軍事的支援の見返りとして、サルデーニャ王国は、サヴォイア王家発祥の地サヴォイア（フランス語でサヴォア）と港町ニッツァ（同ニース）を、戦争で勝利した後にフランスに割譲することである。

サヴォイアとニッツァの割譲について、のちにカヴールは、サルデーニャ王国の拡大を優先し、イタリアの民族的権利を放棄したという批判を、民主主義者から受けることになる。たしかに、カヴールは、イタリアの民族的権利よりも、北イタリア王国の樹立というサルデーニャ王国の拡大を選択した。

もう一つは、血の結合によってフランスとサルデーニャ両国の同盟を強化することを目的とした、サヴォイア王家の王女で、一五歳の信仰心の厚いクロティルデと、遊び人で有名な三六歳のナポレオン・ジェローム（ナポレオン一世の末弟ジェロームの息子。ナポレオン公あるいはプロン・プロンと呼ばれた）の結婚であった。

カヴールは、国王の了解を得るのは困難として、これら二つの付帯事項を保留した。ナポレオン三世は、別れ際に、「わたしがあなたを信じるように、あなたもわたしを信じなさい」、と脅迫とも思える言葉を、カヴールに残した。

この時、カヴールは、ラ・マルモラ将軍に、「もし国王がクロティルデ王女の結婚に同意すれば、君は二年のうちにわが軍を率いてウィーンに入城することをはっきりといっておこう」、と書き送っている。ラ・マルモラ将軍率いるサルデーニャ軍のウィーン入城は実現しなかったが、二年後にイタリア王国が誕生する。

軍事的な内容について、繰り返しになるが、プロンビエール秘密協定は、オーストリアがサルデーニャ王国に最後通告を行った時に限り、フランスは参戦するというものであった。兵力はフランス軍二〇万人、ピエモンテ軍一〇万人で、総司令官はナポレオン三世がつとめることになった。戦費はすべてサルデーニャ王国の負担であった。開戦時期は、一八五九年春から夏か、一八六〇年春に設定された。

図版9−9　王女クロティルデとナポレオン・ジェローム

これまで願っても叶わなかった目的を実現する時が近づいていることへの高揚感と、それが大きな危険をはらむものであることの不安感の間を、カヴールは揺れ動いたことであろう。

ナポレオン三世のイタリア戦略

「民族的理想主義」を掲げるナポレオン三世は、オーストリアの影響力が弱まることによって、ライン川流域や、ベルギー、スイスもフランスの勢力下におくことができると考えていた。それにはオーストリアからの独立というイタリア問題の解決が前提となっていたが、イタリア統一はナポレオン三世の構想には存在していなかった。

ナポレオン三世としては、イタリアへの介入はあくまでもフランスの利害の範囲のことで、もしイタリアに新しい国家が誕生するとすれば、それをフランスの衛星国家としてコントロールするつもりであった。かれは、イタリアが統一された場合には、北イタリア王国、中部イタリア王国、両シチリア王国に三分割して、教皇を長とする連邦制とすることを考えるようになっていた。

隠密裏に進んだ戦争準備

ナポレオン三世はカヴールと直接に連絡をとり、事態はひそかに、激しく動き始めた。カヴールは二人の人間に異なる使命を与えて、パリに配置した。一人は皇帝との極秘の連絡役として、サルデーニャ王国大使とは別行動をとり、カヴールの私設外交官とさえ呼ばれたコスタンティーノ・ニーグラである。

ニーグラは、フランスとナポレオン三世に関する情報をカヴールに頻繁に送っている。その書簡は、一八五八年のプロンビエール会談から始まり、一八五九年の外交と軍事、ニッツァとサヴォイアの割譲と中部イタリアの併合、南部イタリアの解放と、四巻になるほど膨大なものである。

もう一人は、カヴールの従妹で、絶世の美女のカスティリオーネ伯爵夫人ヴィルジーニア・オルドイーニで、ナポレオン三世を籠絡するために送り込まれた。いわゆるハニートラップで、

図版9−10　コスタンティーノ・ニーグラ

図版9−11　ヴィルジーニア・オルドイーニ

色仕掛けで皇帝を誘惑し、機密情報を得ることが目的である。ナポレオン三世の彼女との睦言から、かれの真の意図を聞き出し、それがカヴールにもたらされたことは否定できない。その成果があったのかどうか、それはわからない。

カヴールは戦争公債を発行し、戦費の調達を開始した。ナポレオン三世の支持を確実なものにする外交活動とともに、国内世論をまとめあげることが不可欠であった。それを担ったのが「国民協会」である。

「国民協会」は「イタリアとヴィットーリオ・エマヌエーレ二世」という錦の御旗を掲げ、機関紙『ピッコロ・コッリエーレ・ディタリア』を通じて、イタリア全土で親サルデーニャの情宣・組織活動を行った。それによって、多くの民主主義者がカヴールの主導する路線に転向した。

前述したように、民衆の英雄ガリバルディが、一八五八年七月に「国民協会」の副会長となったことで、民主主義者は雪崩を打つように、ピエモンテ支持に回った。ガリバルディは、国王とも謁見し、変わることのない忠誠を誓った。

カヴールはガリバルディを義勇兵部隊「アルプス猟騎隊」の司令官に任命し、正規軍を補うために義勇兵の徴募を要請した。数多くの義勇兵が、とりわけロンバルディーアからトリーノに馳せ参じた。ガリバルディは、義勇兵部隊の装備改善で配慮したカヴールに、次のように書き送っている。

　貴下の配下として、貴下に傾倒するものとして、いかなる命令でも命じられることは光栄であります。貴下はイタリアと同じであり、わたしの全生涯の偶像であります。

カヴールは、トリーノに亡命していたハンガリーの革命家コッシュートと接触し、オーストリアにたいする蜂起を画策し、武器の支援も行った。コッシュートは、サルデーニャ王国の対オーストリア戦がハンガリーの解放にもつながるとして、フランス・サルデーニャ同盟軍への参加を表明し、亡命者などからなるハンガリー大隊の募集を開始した。

一〇年前とは状況がはっきりと異なっていた。鉄道も道路も電信も、戦争に利用できるようになっていた。八キロに過ぎなかったピエモンテの鉄道は八五〇キロ（ピエモンテを除くイタリアでは九八六キロで、そのうちロンバルド・ヴェーネトが五二四キロ）になっていた。

イタリアで最初の機関車を製造したアンサルド・ディ・サムピエルダレーナのような企業も一八五五年に設立されていた。銀行も新たに創設され、国立銀行も増強されていた。農業ではワイン・オリーブ油・食肉・牛乳の生産も増加していた。

苦慮する開戦理由

カヴールは、開戦に向けて着々と準備を整えていたが、ヨーロッパ諸国との外交や世論を考慮して、開戦理由に苦慮していた。

カヴールが練りあげ、ナポレオン三世に提案した開戦理由は、トスカーナ地方のマッサ・カッラーラの住民が教会国家にたいする蜂起を起こし、それにガリバルディの義勇兵部隊が加わるというものであった。その時、カヴールは、徹底的に批判していたマッツィーニの蜂起という手段を使おうとしたのである。

懸念されるのはヨーロッパ諸国の反発である。農奴制の廃止という大問題を抱えていたロシアは、オーストリアとフランスの戦争にかかわる余裕はなかった。プロイセンでは、ベルリンとウィーンの接近の可能性があった。

プロンビエール密約がしだいに漏れ始めた。それは漏れたというよりは、ピエモンテが意図的に流すことで、オーストリアを挑発しようとしたと考えられる。

漂い始めたきな臭いにおい

カヴールは、プロンビエール秘密協定後の数ヵ月間、イタリアにたいするナポレオン三世の「胸のうち」を読み取り、フランスに「可能な限りの保障を与えてイタリア半島にたいする関与を深める」(ロメーオ)一方で、オーストリアの権威を無視するような挑発行動をとり続けた。

一八五九年にはいるや否や、パリとトリーノで、きな臭いにおいが漂い始めた。元旦に開催された、パリに滞在する外交官たちの新年を祝うパーティーの席で、ナポレオン三世はオーストリア大使に、フランスとの関係は「わたしたちが望むほど良好でないことを残念に思う」、と伝えた。この発言は、瞬く間にヨーロッパを駆けめぐり、ナポレオン三世がイタリアに介入し、オーストリアとの戦争は近いとみなされた。

ナポレオン三世の発言から一〇日後の一月一〇日、ヴィットーリオ・エマヌエーレ二世は、「イタリア全土から聞こえてくる苦悩の叫びに無関心でいられない」という、「苦悩の叫び」と呼ばれることになる年頭演説を行った。その演説は、カヴールが準備した草稿にナポレオン三世が手を加え、修正したものであった。ナポレオン三世が加筆した「苦悩の叫び」について、「一〇〇倍も強い」表現になったと、カヴールは述べている。

その演説は、イタリア諸邦の盟主として、ヴィットーリオ・エマヌエーレ二世がオーストリアの圧政下で呻吟するイタリア人の「苦悩の叫び」を受けて、戦争も辞さないという意思表明であった。それはオーストリアにたいする挑戦状にほかならなかった。

「苦悩の叫び」演説はイタリア人の愛国心に火をつけた。イタリア各地から多くの義勇兵がトリーノに押し寄せることになる。サルデーニャ軍は一月中旬にミラーノ西側のティチーノ川に移動し、オーストリア軍はサルデーニャ国境に軍隊を増強した。

カヴールは、「国王が弱ければ、わたしが岩石のよう強い」と、対オーストリア戦という国家目的を優先して、王女の縁組を国王に納得させた。急転直下、一八五九年一月二四日にフランスとの軍事同盟が調印され、一月三〇日にトリーノで結婚式が行われた。

ところが、戦争開始へと一気に進むかと思われた風向きは、ヨーロッパ列強が戦争への懸念を表明したことで、急変することになる。フランスでは、外務大臣ヴァレフスキが戦争に反対して辞表を提出し、皇帝側近のなかにも戦争に反対するものが出てきた。サルデーニャ政府が発行した戦争公債は、戦争に反対する「平和を求める陰謀」によって、パリの銀行では購入されなかった。

イギリスは、王女クロティルデとナポレオン公の結婚に軍事密約の存在を確信し、ヨーロッパを混乱に巻き込むことになる戦争に激しく反対し、パリとウィーンに平和的解決を働きかけた。プロンビエールの密約がフランスの官報に掲載されると（一八五九年三月五日）、フランスとサルデーニャ王国を批判する国際世論は最高潮に達した。カヴールは、一八五九年の数ヵ月について、「殉教者のように働き、力を使い尽くした。大事業の結末を信じているが、多くの、無限の、恐ろしい困難に打ち勝たねばならない」、と心を許した愛人ビアンカ・ロンザーニに弱音を吐いている。

迷いが生じたナポレオン三世

カヴールにとって、三月一八日から四月一八日までの一ヵ月は、まさに正念場となった。ロシアがフランスとイギリスに戦争回避のための国際会議を提案し、フランスはそれを受け入れた。イギリスは、国際会議をフランスの時間稼ぎと疑ったが、提案を受け入れ、サルデーニャ王国に武装解除という圧力をかけてきた。オーストリアも提案を受け入れるが、サルデーニャ王国の武装解除のほかに、サルデーニャ王国を除外したイタリア諸邦を含めた国際会議の開催を求めた。

その時、ナポレオン三世に迷いが生じた。イギリス・オーストリア・ロシアを敵に回すことになる戦争を正当化するために、かれは教皇を長とするイタリア連邦を提案した。もちろん、カヴールにとって、その提案は受け入れられるものではなかった。くわえて、国際会議の提案は、カヴールにとって、オーストリアとの戦争中止を意味し、サルデーニャ王国の参加が認められない会議は自らの破滅であった。

カヴールは、サルデーニャ王国の会議出席をヨーロッパ列強が認めるようにナポレオン三世に要請すると同時に、軍隊・義勇兵の武装解除は認められないことを伝えた。苦境に立たされたカヴールは、王女を嫁がせたにもかかわらず、フランスに裏切られたと、国王から責められた。かれは危機的状況を打開するために、藁にもすがる思いで、三月二六日にパリに向かった。

ナポレオン三世の対応は冷たく、対オーストリア戦を一年遅らせて一八六〇年春にすることをカヴールに伝えた。カヴールは武装解除を受け入れるとすれば、ほかのイタリア諸邦と同等な資格で会議に参加することが前提であり、それが認められなければ戦争を開始すると、ナポレオン三世に主張し、二度と訪れることのないパリを後にした。カヴールは、表面的にはいつものように快活を装いながらも、心は打ちひしがれていた。

カヴールの戦略はフランスとの軍事同盟に完全に依拠していた。もしそれがなければ、カヴールはすべてを投げ出すしかなかった。その場合は、かれはアメリカに行き、プロンビエールの密約をすべて公表することまで考えていた。

ヨーロッパ列強は国際会議の開催へと動き始めた。暗礁に乗りあげた交渉を打開するために、イギリスはサルデーニャ・オーストリア両国の全面的武装解除の提案を行った。オーストリアは、会議開催の前に、サルデーニャ軍と義勇兵部隊の武装解除を要求し、それを会議参加の条件とした。

カヴールは、義勇兵部隊の解散が会議終了まで猶予されることを条件とした。オーストリアによる攻撃の可能性がある以上、防衛のためにも戦時体制を解くことはできなかった。

オーストリアは漸進的に武装を解除し始めたが、カヴールはそれに躊躇していた。いうまでもなく、イタリア全土から馳せ参じた、独立戦争に熱い期待を寄せる義勇兵に軍備解除は降伏とみなされ、昂揚した愛国心に冷や水をかけることになるが、理由はそれだけではなかった。サヴォイア王家の威信と影響力に決定的な打撃を与えることにもなるからである。

イギリス（マームズベリー）は「カヴールこそが改革と平和を阻んでいる人物」として、会議不参加を表明し、カヴールを追い詰めた。フランスでは、イギリスの圧力を受けて、戦争反対の外務大臣ヴァレフスキが、カヴールが武装解除を受け入れるようにナポレオン三世に強く求め続けていた。しかし、それにナポレオン三世が首を縦に振ることはなかった。ナポレオン三世は、サルデーニャ王国がイタリア諸邦とヨーロッパ列強と同じ立場で会議参加を認められた場合にのみ、トリーノに武装解除を呼びかけると、イギリスに返答した。

激動の四月一八日

カヴールにとって、事態は最悪の状況になった。四月一八日正午、フランスの外務大臣ヴァレフスキから電報が届いた。それは、サルデーニャ王国は、全面的武装解除を受け入れたうえで、会議に参加することを求めるもので、それを受け入れなければ、オーストリアの攻撃が切迫しているとも記されていた。

その日の夜、ヴァレフスキから八時半と九時四五分に電報が届いた。その内容は、会議の前に武装解除を実施することにフランスが合意することと、サルデーニャ王国がヨーロッパ列強と同じ資格で会議に参加することは認められないというものであった。フランスから要求されると、カヴールは武装解除を受け入れざるを得なかった。

カヴールは小国の悲哀を思い知らされた。武装解除の受託をフランスに伝えた四月一九日の夜は、カヴールの生涯でもっとも苦渋に満ちたものであった。すでに始まっていた軍事作戦は中止された。その日の閣議で、カヴールは「ナポレオン三世を信じすぎていた」と批判を受け、国王の怒りにも耐えなければならなかった。かれは敗北したことを認めた。

自宅の書斎に閉じこもったカヴールは、書類を破き、燃やした。フランスの裏切りへの怒りから、カヴールは「わたしにはピストルで頭をぶち抜くしかない」と叫んだという。その時、カヴールは自殺を考え、甥に遺言を書いている。

唯一入室を認めた友人カステッリと抱擁した後に、カヴールは「心配しないでくれ。みんなで立ち向かおうではないか。つねにみんなと」と語ったという。

トリーノ政府が武装解除に同意したという連絡をイギリスから受けたウィーンは、いかなる形でもピエモンテの会議出席を認めず、完全な武装解除を三日以内に、それも「一分たりとも遅延」も認めないと、トリーノ政府に通告した。そして、それをピエモンテが拒否した場合、オーストリアは直ちに軍事行動に移ることを宣言した。

楽天家のカヴールは数日で立ち直り、ナポレオン三世の変節が引き起こした新たな状況に対応するために、戦略を立て直していた。カヴールは、若くて、激情的な性格の皇帝フランツ・ヨーゼフに圧力をかけ続ければ、オーストリアが最後通告を送りつけてくると、読んだ。そして、その通りになった。カヴールが進めた挑発が功を奏したのである。

フランツ・ヨーゼフ皇帝は、伝統あるハプスブルク家の権威に歯向かうような小国ピエモンテのカヴールを許せなかった。もしカヴールの挑発的な行動を看過すれば、イタリアにおけるハプスブルク家の威信が決定的に損なわれると、若き皇帝は考えていた。

オーストリアは、カヴールが退陣すれば、かれがつくり出したナポレオン三世との同盟も崩壊すると想定していた。その背景には、オーストリアの財政状態が極度に悪化しており、長期

図版9−12　カヴールに最後通牒を迫るオーストリアを描いた風刺画

間にわたって軍事的な緊張関係を維持することができない状況があった。

　カヴールは、サルデーニャ王国の名においてオーストリアの要求を拒否する権利を有し、オーストリアの不法な侵略の犠牲者としてヨーロッパ世論でみなされると考えた。また、オーストリアが攻撃を開始すれば、プロンビエール密約に従って、フランスの軍事的支援の条件が整うとも考えた。「カヴールはナポレオン三世の路線に従った」（ロメーオ）ように見えるが、ナポレオン三世の動揺を招いた危機にあって、ナポレオン三世の選択を断固として拒否し、サルデーニャ王国の主導によるイタリア問題の解決を粘り強く追求した。

　オーストリアの脅迫に屈しないと決意を固めたカヴールは、戦争を前提として、全権を政府に付与し、憲法にもとづく自由を一時的に制限するという法律を、一八五九年四月二三日、下院に提出した。

提案演説を行ったカヴールの声は、まさに危機存亡の機にあって、緊張のあまり震えていたという。政府への全権付与は、右派も左派も含めて、圧倒的多数で承認された。

カヴールは、最後通牒にイエスかノーで回答を迫るオーストリアに、戦争態勢を整える時間稼ぎのために、返答を期限ぎりぎりまで延ばした。ダゼーリョは、「オーストリアが強硬な通告を行ったことは一世紀に一度起こるかどうかの幸運であった」、と述べている。

X　オーストリアとの戦争

賽は投げられた

カヴールは、四月二七日、午後五時三〇分、オーストリアに最後通牒を拒否すると返答した。賽は投げられた。第二次独立戦争の幕が切って落とされた。オーストリア軍は四月二八日にティチーノ川をわたり、トリーノに向けて進軍を開始した。

戦争が始まると、それをサヴォイア王家の戦争であるとして反対していたマッツィーニを例外として、民主主義者の多くが戦争を支持した。マッツィーニに近いクリスピは、マッツィーニが書いた「対仏同盟」（二月二八日）に署名し、オーストリアとの戦争に反対していた。しかし、かれは、戦争が始まると「大きなチャンス」として、戦争に参加する義務があると考えを変えた。それは、クリスピが統一後に、共和主義から君主主義に変節する兆候であった。

カヴールは、戦争中の三ヵ月間、陸軍大臣であるラ・マルモラ将軍が戦場に出たことで、首相・外相・内相に加えて陸軍大臣・海軍大臣を兼ねた。実質的にはラ・マルモラが参謀本部を、カヴールが陸軍省を指揮した。

カヴールは、独裁者に等しい絶大な権力を手にし、興奮状態にあった。かれは、陸軍省の執務室にベッドを持ち込み、軍事・外交・公安にかかわるすべてに指示を行った。

戦争の指揮を執りたい国王と、国王に指揮権を委ねる気のないカヴールの間で、新たな対立要因が生まれていた。カヴールは陸軍大臣でもあり、戦略を立てねばならなかった。戦争は国

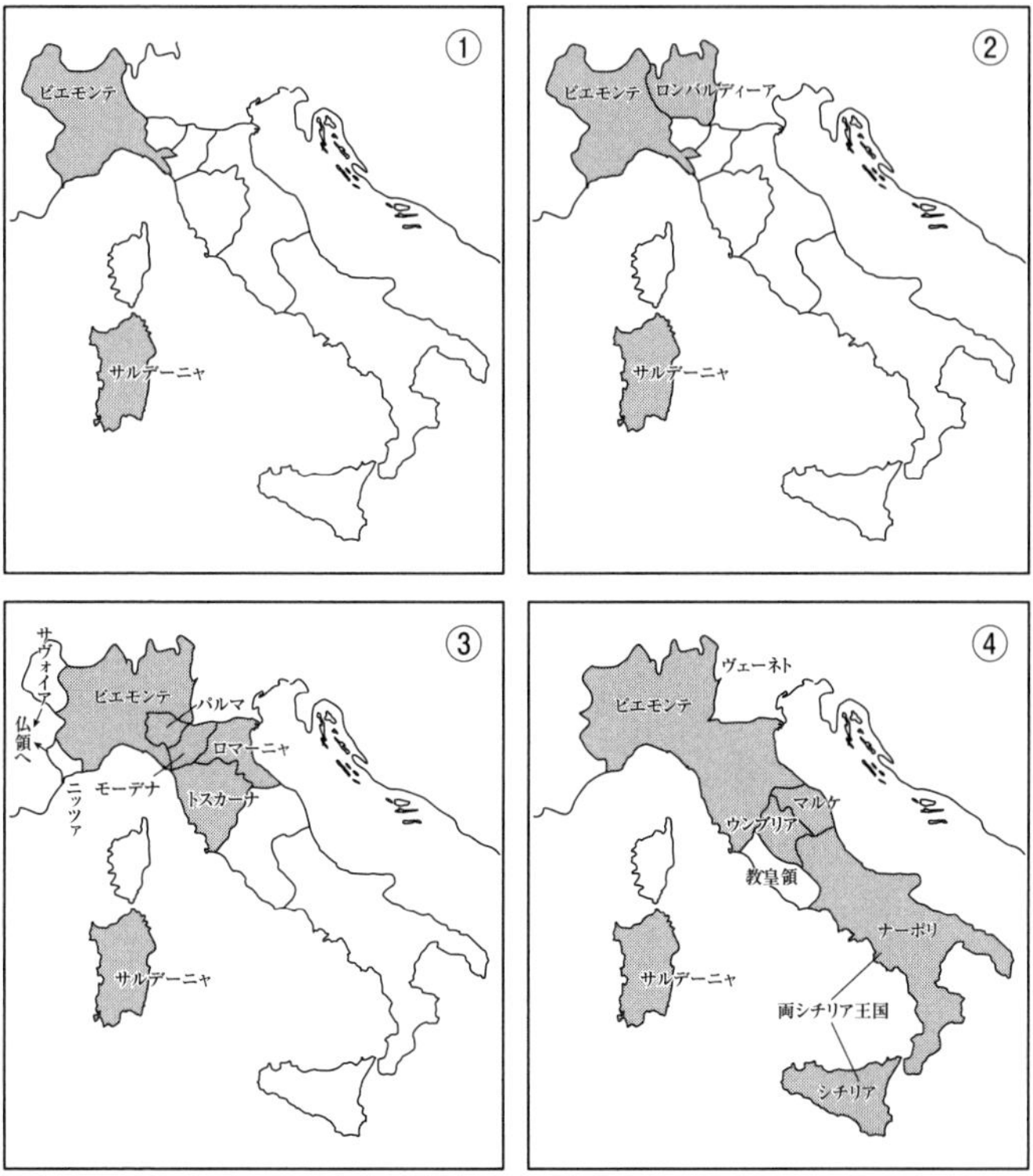

1858～1860年のイタリアの統一プロセス
①1859年初頭
②1859年7月以降
③1860年3月以降
④1860年10月以降

王の専権事項とする国王との対立も辞さずに、カヴールは戦争を統括した。

フランス軍の到着まで、サルデーニャ軍は、独力でモンテベッロ（五月一二日）で戦ったが、オーストリア軍の方が優勢であった。カヴールは、オーストリア軍が首都トリーノに侵入し、占領することだけは、絶対に阻止しなければならなかった。その時期、ガリバルディ率いる義勇兵部隊は、ヴァレーゼ、コーモなどでオーストリア軍と戦っていた。

オーストリアに勝利

フランス軍の到着に三週間がかかった。アラブ服を着たズワーヴ兵（一八三〇年に編成されたアルジェリア人からなるフランス軍歩兵）を含むナポレオン三世率いるフランス軍が、五月一四日、ジェーノヴァに上陸した。

ナポレオン三世を総司令官とするフランス・サルデーニャ同盟軍は、マジェンタの戦い（六月四日）で、オーストリア軍にたいして優位に立つことができた。ミラーノでは、カヴールがナポレオン三世に約束した民衆蜂起は起きず、フランス・サルデーニャ軍の到着を待っていた。マジェンタでの勝利から五日後の六月九日、ナポレオン三世とヴィットーリオ・エマヌエーレ二世は、並んでミラーノに凱旋入城した。

オーストリア軍との雌雄を決する戦いは、ガルダ湖に近いソルフェリーノとサン・マルティーノで行われた。ソルフェリーノでは、六月二四日、双方とも死力を尽くして一日中戦い、フランス・サルデーニャ同盟軍がオーストリア軍を破った。

フランス・サルデーニャ同盟軍は戦死者二四〇〇人、負傷者一万二〇〇〇人を出した。オーストリア軍は戦死者二三〇〇人、負傷者一万人であった。その戦いで、ジュネーヴ人アンリ・デュナンが両軍の兵士を分け隔てなく介護し、国際赤十字の基礎を築いたことはよく知られている。

ナポレオン三世の裏切り

フランス・サルデーニャ同盟軍がオーストリア軍を追い込み、決定的な勝利を手にしようとした矢先、思いがけない事態が起こった。ナポレオン三世は、七月六日夜、カヴールの頭越しに、フランツ・ヨーゼフ皇帝に休戦提案の使者を送り、皇帝もそれを受諾した。

ナポレオン三世による突然の休戦は、カヴールにとっては晴天の霹靂に等しいものであった。ナポレオン三世は、一八五九年七月一一日、ヴェローナに近いヴィッラフランカで皇帝フランツ・ヨーゼフと休戦仮協定を締結した。

休戦仮協定の内容は次のようなものであった。オーストリアは、防衛都市であるマントヴァとペスキエーラを除いて、ロンバルディーアをフランスへ割譲し、それをフランスがサルデーニャ王国に譲渡すること。オーストリアが継続してとどまるヴェーネトは、イタリア連邦を結成して、それに加盟すること。逃亡していた君主が復帰するトスカーナ大公国、モーデナとパルマの両公国もその連邦に加わること。

なぜ、ナポレオン三世は、突然にオーストリアと休戦協定を締結したのか。その背景には、ソルフェリーノとサン・マルティーノの戦いでフランスが被った多大な犠牲に見合うだけの成果が望めないことや、教会国家を侵害することにたいするフランスのカトリック勢力の反発があった。

国際的には、ドイツ連邦で主導権を保持していたオーストリアが危機に陥ったことで、プロイセンがフランスに対抗して、ドイツの防衛者の役割を果たそうと、戦闘態勢を取り始めていたことがあった。

くわえて、プロンビエール秘密協定を超える、新しい状況が中部イタリアで生じていたことがある。

中部イタリアにおける蜂起

中部イタリアの諸邦は、「国民協会」の強力な働きかけによって、戦争が始まった時から崩壊していた。トスカーナ大公国では四月末に、臨時政府が成立していた。モーデナとパルマの両公国ではマジェンタの戦いの後に反乱が起こり、臨時政府が成立し、サルデーニャ王国への併合を要求していた。教会国家のロマーニャ地方とアンコーナでも反乱が起こり、親ピエモンテの臨時政府が成立していた。この中部イタリアの事態は、ナポレオン三世にとってプロンビエール密約を超える、想定外のことであった。

この状況に直面して、フランスでは最初から戦争に反対であった外務大臣ヴァレフスキなどの勢力が強くなっており、ヨーロッパ列強が調停に乗り出していた。皇帝フランツ・ヨーゼフとすれば、休戦は渡りに船であった。かれには、ロンバルディーアを失っても、いずれ取り戻せるという考えもあった。

首相の辞任

カヴールに休戦が知らされたのは、ナポレオン三世がフランツ・ヨーゼフ皇帝に休戦提案を行った二日後の七月八日であった。国王ヴィットーリオ・エマヌエーレ二世は、休戦をトリーノから大砲が届くまでの時間稼ぎと考え、カヴールには伝えなかった。

ナポレオン三世の意を受けたナポレオン公とヴィットーリオ・エマヌエーレ二世の会談が行われたが、ナポレオン公はヴィットーリオ・エマヌエーレ二世の抗議に耳を貸すことはなかった。ヴィットーリオ・エマヌエーレ二世は、「朕に関する限り」として、心ならずも休戦を認めざるを得なかった。

カヴールもフランス軍司令部がおかれていたヴァレッジョにナポレオン三世を訪ねて激しく抗議したが、休戦の決定を覆すことはできなかった。その時のカヴールには、怒りを押し殺すかのように、いつもの快活な雰囲気はみじんも見られなかったという。

カヴールは、不名誉な協定に署名しないように国王を説得するために、メルキィオルリ宮殿に出向き、国王がナポレオン三世の総司令部から戻るのを待った。

国王とカヴールの激しい非難の応酬に立ち会ったのはニーグラであった。国王は部屋にはいるや否や、暑さのために上着をとり、いらだつように葉巻に火をつけ、吸い始めた。国王は、大きなテーブルの前に座ると、「ニーグラ、カヴールに書類をわたしなさい」、といった。

カヴールは国王の左側に立ったまま、書類を読み始めたが、途中で書類をテーブルのうえに叩きつけた。苦労を重ねて積みあげてきた建物が一瞬にして崩壊する思いのカヴールは、「殿下はこのような恥辱に決して署名しないでしょうね」、と国王に詰め寄った。

怒り心頭に発していたカヴールは、「首相が辞任しなければならないのなら、国王も退位すべきです」、と国王に退位を迫った。売り言葉に買い言葉で、「それについては、国王であるわたしが考えることである」という国王の反論に、「国王？　この時点で本当の国王はわたしだ」、とカヴールはいい返した。これにたいして、国王は、「君が国王？　君は無礼者以外の何ものでもない」と罵り、「ニーグラ、かれを寝かせなさい」、といった。

国王に王は自分だといい放ったことからもわかるように、カヴールは「自らの優越性をつねに信じる人物」（ロメーオ）であった。

犬猿の仲の国王

カヴールは、休戦協定を調印したヴィットーリオ・エマヌエーレ二世に抗議して、首相を辞任した。国王は、「この御仁の辞任でどうにか丸く収まった。わたしも退位しなくてよくなった」、と語ったという。

国王は、目障りなカヴールから解放されたことを、「バカンスの小学生」のように心底喜んでいたといわれる。二人の関係は最初から決して良くなかったが、カラビアーナ危機の後、サルデーニャ王国の進むべき環境も整ってきたことから、お互いの存在を認め合うようになっていた。しかし、オーストリアとの戦争が迫っていた時、二人は抜き差しならない対立関係にあった。

国王とカヴールの主たる確執は、戦争や外交にかかわるものではなく、ひとえに国王の私生活のことであった。艶福家の国王は、王妃が亡くなる以前から、サルデーニャ軍の鼓笛隊員の娘ローザ・ヴェルチェッラーナ、通称「ベーラ・ロジーナ」と愛人関係にあり、二人の子どもをもうけていた。国王が愛人を正妻にしようとすると、カヴールが徹底してそれに反対した。

サルデーニャ王国はフランスと同盟を結び、王女クロティルデをナポレオン公に嫁がせた。

図版10−1　国王とローザ・ヴェルチェッラーナ

サヴォイア王家がヨーロッパ王族のなかでステイタスを得たのに、ピエモンテの象徴である国王と身分の違う娘との結婚は、サヴォイア王家の威信を傷つけることになり、カヴールには絶対に認められなかった。

国王は、ロジーナとすでに結婚契約を取り交わし、そのことを娘婿のナポレオン公にも伝えていると、カヴールに抗弁した。国王は私的領域にまで口を挟むカヴールを許せず、両者が和解にいたることはなかった。

XI　イタリア統一へ

第一局面の終了

フランスとオーストリアの間で、一一月一一日、正式の講和条約がチューリヒで締結された。その席にサルデーニャ王国の出席は認められなかった。チューリヒ講和条約によって、ロンバルディーアはまずフランスに譲渡され、その後フランスからサルデーニャ王国にわたされた。オーストリア領として残ったヴェーネトは、国王の復帰が決まったトスカーナ大公国、パルマとモーデナ両公国とともに、イタリア連邦を形成することになった。

イタリア統一の第一局面は終了した。たしかにプロンビエール秘密協定は完全には実現しなかった。しかし、サヴォイア王家の念願であった、イタリア半島でもっとも繁栄していたロンバルディーアを獲得できた。

また、オーストリアがヴェーネトの支配者としてイタリア連邦への参加を認められるとしても、イタリアにたいする支配権を取り戻すことはできない状況が生まれていた。もしオーストリアがイタリアの支配権を取り戻そうとすれば、フランスと戦いになることは明らかであったからである。

カヴールは、第一局面の直後に、オーストリアとの戦争がハプスブルク家とサヴォイア王家の王朝間の戦争ではなく、イタリアのためのものであることを示す二つの行動をとっている。

一つ目は、ヴィッラフランカ休戦仮協定に抗議して、カヴールが首相を辞任したことである。

それは、すでに多くの民主主義者が支持していた「イタリアとヴィットーリオ・エマヌエーレ王」のもとに結集したイタリア全土の愛国者・義勇兵の貢献を認め、それにこたえるものであった。カヴールは、辞任から四日後の七月一六日、ロンドン駐在のサルデーニャ王国大使エマヌエーレ・ダゼーリョに、次のような書簡を送っている。

わたしの政治は正直にいって、つねに民族的であったし、ピエモンテの領土的拡大ではなく、イタリアを解放し、全イタリアに賢明な自由主義的体制を確立することをめざしていた。

この言葉が示すように、首相を辞任した時から、カヴールは、イタリアの民族という観点で、サルデーニャ王国の外交を語り始めた。

カヴールが行った二つ目の行動は、一八五九年八月九日の友人カステッリ宛の書簡に見いだせる。

ヴィッラフランカの致命的な休戦がわたしにもたらした苦悩を和らげるとすれば、それは中部イタリアの感嘆すべき行動である。この地方は外交によらずに自由と独立を保持することができたが、独立は外国の武器ではなく、自らの努力によるものでなければならないわけで、戦争の成果はかれらにとって最良のものであった。

カヴールは、民衆の蜂起によって成立した中部イタリアの臨時政府のサルデーニャ王国への併合要求を実現しようとした。カヴールは、休戦というナポレオン三世の背信に対抗して、中部イタリアの併合をナポレオン三世との取引に活用しようと考えていた。

とはいえ、カヴールは、一八五九年一月、「現在はナーポリに首を突っ込む必要はない」とジュゼッペ・マッサーリに述べているように、この時点でもイタリア全土の統一は考えていなかった。プロンビエール密約から一八六〇年三月の中部イタリア併合の住民投票まで、カヴールの「民族的・統一的精神は乏しく、ピエモンテ的・王朝的関心」（レーヴラ）にとどまっていた。

ラ・マルモラ内閣

カヴールに代わって、ラ・マルモラ将軍が首相となった。実際は内相のラッタッツィが主導し、ラ・マルモラとラッタッツィ内閣とも呼ばれ、六ヵ月続いた。

内相ラッタッツィは、戦争前夜に承認されていた政府への全権付与法を利用して、数々の法律を発布した。その一つが、ラッタッツィ法と呼ばれる、コムーネと県に関する中央集権的な地方行政にかかわる法律であった（一八五九年一〇月）。そのほかに、カザーティ法と呼ばれる公教育法（一一月）、公共秩序法（一一月）、刑法・刑事訴訟法の改正があった。

これらの法律は、併合されたロンバルディーアにも適用された。もっとも激しい議論を惹起したのがラッタッツィ法である。イタリアのなかで先進地域であったサルデーニャ王国の行政組織が、統一後に全イタリアにも一律に適応されることになったからである。

カヴールは、先に引用した一八五九年七月一六日、イギリス駐在の大使エマヌエーレ・ダゼーリョ宛の書簡で、次のように書き送っている。

もし現在の平和が中部イタリアをアンシャン・レジームに戻すようなことがあれば、民族運動に利益ではなく害をもたらすことになろう。わたしはその責任を負うことはできない。

国王は、オーストリア領として残ったヴェーネトを一〇億リラで買いとる交渉をイギリスを介して行おうとした。他方、ナポレオン三世は、プロンビエール秘密協定が実行されなかったことで、戦費の一部を放棄するのと引き換えに、サヴォイアの割譲をラ・マルモラ内閣に提案していた。

平和会議の呼びかけ

プロイセンはライン川沿いに監視態勢を整えるとともに、イタリア問題に関する平和会議をイギリスとロシアに呼びかけていた。

パーマストンを首班とする自由主義連合内閣が成立したばかりのイギリスは、ヨーロッパの秩序の維持という観点からオーストリアの存在は重要であるが、イタリアにはオーストリアやフランスから自立した国家が望ましいと表明していた。ロシアはフランスに慎重な行動を呼びかけている。オーストリアとフランスのヴァレフスキは平和会議の提案に反対した。

ラ・マルモラとラッタッツィ内閣は新しい局面を切り開くことはできなかった。国王の独自の行動による政治混乱、中部イタリアの問題を解決できない政府の無能もあって、カヴールを平和会議へのサルデーニャ代表として推す声が高まった。

国王は、「カヴールの独裁に耐えるくらいなら」退位すると語ったという。ラッタッツィも、カヴールが平和会議の代表になるとすれば、必然的にかれの政権の復帰につながるだけに、それに反対した。

国王とラッタッツィは、カヴールのサルデーニャ代表を否定する理由として、フランス（ヴァレフスキ）の反対を理由にあげた。これにたいして、カヴールは、自国の代表を選ぶにあたって、他国の意向に従うとは何事だと、激怒した。

レーリの農場に戻り、再登板を狙っていた自信家のカヴールは、サルデーニャ王国の舵取り役に復帰することになる。

首相への復帰

中部イタリア併合とサヴォイアとニッツァの割譲に対処するために、カヴールの再登板は緊急、かつ不可欠であった。

クリミア戦争参戦から、パリ講和会議、プロンビエール秘密協定、オーストリアとの開戦という一連の経過において、カヴールが果たした役割を誰しも否定できなかった。かれに代わって、サルデーニャ王国を牽引できる人物をほかに見いだせなかった。

図版11―1　「復活」を果たしたカヴールの首相復帰に驚くナポレオン3世などを描いた風刺画

国王は、トリーノ駐在のイギリス大使ジェームズ・ハドソンの意見を入れて、カヴールの再登板を不本意ながら、認めざるを得なくなった。つかの間の休息で英気を養ったカヴールは、国王との会談で、自分以外に誰が難局に対処できるのだという自負心をみなぎらせていた。国王はうつむいたままで、カヴールの顔を見ようとしなかった。重苦しい雰囲気のなかで、議論は政局よりも、国王の結婚が中心となった。カヴールは、ロジーナとの結婚について口出ししないことを、国王に約束した。

カヴールは、一八六〇年一月二一日、首相に復帰した。第三次カヴール内閣である。カヴールは、疲れを知らぬかのように、これまで以上に身を粉にして働いた。側近の証言によれば、午前三時まで働き、数時間の仮眠をとり、困難な案件の処理を行った。

かれは、中部イタリア併合が喫緊の課題であることを訴えるために下院を解散し、併合されたロンバルディーアを含めて、三月に選挙を行うことにした。

カヴールは、「国民協会」による工作によって高揚した愛国心の後押しもあり、国王とラッタッツィの反対勢力に対抗する選挙における勝利を確信していた。不利な状況に追い込まれた反対勢力は、カヴールに対抗してガリバルディを担ぎ出そうとしたが、実現しなかった。

「君主制的人民主義者」ガリバルディ

国王は、エミーリア・ロマーニャにいたガリバルディに、教会国家への軍事侵入を認めた。しかし、ガリバルディの背後にマッツィーニの存在があることを疑ったイギリス・フランスは、この計画に反対した。国王はガリバルディをトリーノに呼び戻し、中部イタリアでの行動を中止させた。

ガリバルディは不満であったが、国王に遺恨を持つことはなかった。かれは、民主主義者を標榜しながらも国王に心酔し、忠誠を尽くす臣民として、「君主制的人民主義」（ロメーオ）の傾向を強めていた。

国王は、ガリバルディにロンバルディーアの国民衛兵司令官の地位を約束し、カヴールの影響が強い「国民協会」副会長の地位から退くように求めた。イタリアで絶大な人気を博していたガリバルディを味方につけ、敵に回さないために、国王・ラッタッツィとカヴールの激しい鍔迫り合いが続いた。

第二局面の始まり

イタリア統一のプロセスは中部イタリアを併合する第二の局面にはいることになる。カヴールは、中部イタリアのサルデーニャ併合によってチューリヒ講和条約を無効にしようと、中部イタリアの君主の復帰を阻止する裏工作を続けた。カヴールは、中部イタリア併合をナポレオン三世に認めさせるのと引き換えに、サヴォイアとニッツァのフランスへの割譲を進めた。

ナポレオン三世は、サルデーニャに併合される地域をパルマとモーデナに限定し、エミーリア・ロマーニャは教会国家領、トスカーナはサヴォイア王家の分離王国という提案をカヴールに行った。カヴールは、これを無視した。

フィレンツェではリカーソリ、モーデナとパルマではファリーニ、ボローニャではチプリアーニが臨時政府を主導し、サルデーニャ王国への併合を着々と進めていた。

エミーリアとトスカーナで、三月中葉に、「ヴィットーリオ・エマヌエーレ王の立憲君主国に統合か、独立した王国か」を問う住民投票が実施された。それは、中部イタリアの諸邦が発議し、実施するという、あくまでも住民の意思を尊重する形式をとった。

住民投票は本来共和国の政治手法である。それが君主国において行われたということは、併合が人民の意思による合法的なものであること、ヴィットーリオ・エマヌエーレ二世が住民の「選んだ国王」であることを示すものであった。

住民投票の結果は、エミーリアでは併合支持が四二万六〇〇六票、独立王国支持が七五六票であった。トスカーナでは併合支持が三六万六五七一票、独立王国支持が一万四九二五票であった。投票では中間・上層階層が併合に投票した。

カヴールの信任を問う選挙

カヴールは、中部イタリアの併合を終えて、三月二五日に選挙を行った。サルデーニャ王国の下院議員は、それまでの二〇四人から三八七人に増加した。

カヴールは首相・外相・内相のポストを得た。そのほかの閣僚はピエモンテ出身者だけでなく、ロンバルディーア出身のステーファノ・ヤチーニが公共事業大臣に、エミーリア出身のマンフレード・ファンティが陸軍大臣に、ペーザロ出身のテレンツィオ・マミアーニが公教育大臣に任命された。サルデーニャ議会は「ピエモンテ的というより、はっきりとイタリア的な性格」を帯びることになった（ロメーオ）。

国王との激突

カヴールの国王にたいする鬱積した怒りは、トスカーナのサルデーニャ王国併合を祝う式典に出席したフィレンツェで爆発した。その式典は、四月一六日にピッティ宮殿で挙行された。国王は、同行したカヴールに、ニッツァを失うことの責任を公然と問うた。その時のことを、カヴールはファリーニ宛の書簡に記している。

国王は旅行中に、ニッツァに言及しながら、優しさに欠ける言葉を投げ続けた。この地の王として歓迎された後に到着した壮麗な宮殿（ピッティ宮殿）で、国王は理由はわからないがわたしを呼びつけ、ニッツァ譲渡について話させ、わたしに無礼な言葉の数々を投げつけた。忍耐の限界に達したわたしは、陛下に「くたばれ」と罵り、その場を後にした。

席についていた国王は後悔のそぶりを見せたが、これまでの嫌がらせに耐えることはできなかった。わたしは国王から認められようとはしない。だが、首相ではなくても一人の人間として、行わねばならないことを行う権利がある。

国王を口汚く罵ったカヴールは、次のようなメモを国王に残して、トリーノに戻った。

陛下、昨日発言されたような言葉を聞けば、どんな大臣でも直ちに辞任したでしょうが、わたしはどこにでもいるような大臣ではありません。王家にたいして、イタリアにたいしてあまりに多くの義務がありますので、わたしは職務にとどまります。

カヴールは、「わたしにとって、ニッツァの問題は、王女クロティルデの問題の反復である」と、ニーグラに書き送っている。

サヴォイアとニッツァの割譲

国王に憤懣やるかたない思いのカヴールであったが、この時は首相を辞任しなかった。それは自分しか、難局を打破するものはいないことを確信していたからであろう。サヴォイアとニッツァのフランスへの割譲は、カヴールとしては、中部イタリアの併合をナポレオン三世に認めさせるために、避けて通れなかった。

ナポレオン三世としては、多大な犠牲を払ったオーストリアとの戦争を成果なしに終えることは、国内的にも不可能であった。サヴォイアとニッツァは、ナポレオン三世にとって、是が非でも、獲得しなければならなかった。カヴールは、サヴォイアとニッツァの割譲と交換に、中部イタリアのサルデーニャ王国への併合をナポレオン三世に認めさせた。

サヴォイアは、一〇世紀のウンベルト・ビアンカマーノを始祖とするサヴォイア王家発祥の地で、言語はフランス語であった。リグーリア海に面したニッツァはフランス語とピエモンテ方言が混在するが、住民の圧倒的多数はニッツァ方言を話していた。サヴォイアよりはるかにイタリア的なニッツァは、ガリバルディの出身地であった。このことが、その後にカヴールとガリバルディの決定的な対立を生むことになる。

カヴールは、サヴォイアとニッツァの割譲がイタリアの民族性を否定することになるとしても、サルデーニャ王国の中部イタリアへの領土拡大を優先させた。カヴールは、サヴォイアとニッツァの割譲が住民の意思であることを示すために、中部イタリアと同様に、四月に住民投票を実施した。サヴォイアとニッツァは、ともに住民の九九％がフランスへの併合を支持した。

ニッツァに生まれ育ったガリバルディは、ニッツァを選挙区とするサルデーニャ王国の議員であった。ガリバルディにとって、ニッツァのフランスへの割譲は、王女クロティルデの結婚と同様に、奴隷売買のように思えた。

サヴォイアとニッツァの割譲は、議会の承認を得ることなく行われたので、議会で承認を得る難問が残されていた。カヴールは割譲の事後承認を求める議会で窮地に立たされた。かれは、言語の問題をとりあげ、サヴォイアはフランス語圏であり、ニッツァはフランス語方言であると、割譲の正当性を主張した。

ロンバルディーアに続いて、サヴォイアとニッツァのフランスへの割譲と引き換えに行われた中部イタリアの併合によって、イタリア統一の第二の局面が終了した。

第三局面にはいる

一八五九年がカヴールの年であったとすれば、一八六〇年はガリバルディの年になった。中部イタリア併合が議会で承認された直後の四月四日、北部イタリアの政治変動に大きなインパクトを受けて、パレルモでブルボン王朝の支配にたいする蜂起が起こった。それは第三局面の開始であった。

クリスピなどシチリア出身の民主主義者がシチリアで両シチリア王国にたいする蜂起を準備し、ガリバルディに義勇軍の遠征を要請していた。ガリバルディはシチリア遠征のための徴募や募金の活動を開始した。ガリバルディ率いる義勇兵部隊「千人隊」が、五月六日未明、ジェーノヴァのクワルトを二隻の船でシチリアに向けて出港した。

カヴールは、民主主義者も含めた愛国者の強い反発を招きかねないこともあり、いまやイタリアの英雄となっていたガリバルディのシチリア遠征を阻止しなかった。かれは、「千人隊」のシチリア遠征を「重大なこと」とみなしながらも、「阻止もできないし、すべきでもない」という矛盾に満ちた、あいまいな態度で、千人隊の航行を監視しながら、決定的な対応をとらなかった。

これから、カヴールの書簡を追いながら、かれがシチリアと南部イタリアのサルデーニャ王国への併合、イタリア統一を決意したプロセスを追うことにする。

ガリバルディのシチリア征服

「千人隊」が、五月一一日、シチリア島西端のマルサーラに上陸した。ガリバルディがヴィットーリオ・エマヌエーレ二世の名において独裁官を宣言した。その時、カヴールはリカーソリに、次のような書簡を送っている。

ガリバルディがナーポリの王と戦いを交えるのを阻止することはできない。ガリバルディを力で抑え込むと、国内危機が生じることになろう。どうなるのか？　予見できない。フランスは反対するのであろうか？　わたしはそうは思わない。われわれは？　あからさまにフランスに続くことはできない。ガリバルディを支持しながら、個人的な努力で圧力をかけることもできない。そこで、ジェーノヴァとリヴォルノから新たな遠征隊の出発は認めないが、武器や弾薬を送ることは阻止しないことに決めた。

その書簡に、打つ手を考えあぐねているカヴールを見ることができる。カヴールは、ガリバルディが心服する国王の名において、かれの行動を制御できると考えていたようである。その対応は、ヨーロッパ列強には、カヴールがガリバルディの行動を容認していると映った。実際のところ、カヴールは、ニッツァ割譲で犬猿の仲となっていたガリバルディと関係を取り戻し、自らの政治路線に引き込むための策を練っていた。

装備の貧弱な義勇兵部隊の千人隊は、軍事力で圧倒的に優勢な両シチリア王国軍を撃破し、五月末にパレルモを征服した。両シチリア王国の司令官との停戦協定の調印に、ガリバルディは有名な赤シャツではなくサルデーニャ軍の軍服で立ち会っている。そのことは、義勇兵からなる千人隊の指揮官ではなくサルデーニャ王国軍の将軍として、サルデーニャ軍と両シチリア王国との戦いであるという、ガリバルディの意思表明であった。

千人隊は、一八六〇年七月中旬、上陸から二ヵ月半で一気にシチリア島全土を征服した。破竹の進撃を続けるガリバルディを民衆は救世主のように熱狂的に歓迎した。民主主義者の勢いもいやがうえにも高まり、マッツィーニの主張する共和制へと流れが一気に変わる危険性があった。カヴールはガリバルディの国王にたいする忠誠心を疑うことはなかったが、かれの周りに集結しているマッツィーニ主義者によって、予測不能の事態に発展することを恐れていた。カヴールは、「一〇年間に行われた活動のほとんどすべてがマッツィーニ主義の旗」（ロメーオ）を掲げていたシチリアで、共和主義政権が誕生することを恐れた。

カヴールは、いまや待ちの姿勢をやめて、中部イタリアと同様に、シチリアをサルデーニャ王国に併合することを考え始めた。かれは、シチリア出身の、「国民協会」のラ・ファリーナを送り込み、シチリアをサルデーニャ王国への即時併合へと導く働きかけを行った。しかし、ラ・ファリーナは、ガリバルディによってシチリアから放逐された。

ガリバルディの行動に押されて

ガリバルディは、イタリア本土にわたり、南部イタリアを征服し、ローマに侵攻し、ヴェーネトまで進撃して、イタリア統一を宣言することを明言していた。そうなれば、ローマに駐屯するフランス軍と、ヴェーネトを支配するオーストリア軍と衝突を引き起こすことになる。

カヴールは、千人隊がメッシーナ海峡をわたり、ナーポリに入城すれば、ガリバルディの名声は倍加することになり、まさに絶体絶命の危機に立たされることになる。カヴールは、ガリバルディをなすがままに放置しておくことはできなくなった。

カヴールは、六月二九日、ロンドンのサルデーニャ王国大使エマヌエーレ・ダゼーリョに「イタリアの現状にあって、統一だけがイタリア半島の独立と自由を保障できる」、と書き送っている。その時点で、カヴールがシチリア・南部イタリアを併合し、イタリア統一へと舵を切り始めていることがわかる。だが、カヴールがイタリア統一を決意し、そのための行動を開始するには、もう少し時間がかかった。カヴールは、七月四日付のニーグラ宛書簡に、次のように記している。

一方にガリバルディの途方もない成功と、他方でナーポリ王の残忍性と無能力が、民衆の統一感情に議論の余地のない力を与えた。非常に冷静な人も、穏和的な人も、保守的な人も、統一主義者になった。〔中略〕ブルボン王朝は失墜した。唯一の可能な選択は併合か革命である。われわれだけが、ガリバルディに統一理念の独占を認めない方法で、かれの影響力に対抗することができる。もしわれわれが併合を受け入れるならば、かれが譲歩するか、われわれはかれを打倒するであろう。しかし、われわれがほかのどのような解決策を望んだとしても、かれはわれわれ以上に強いであろう。

ガリバルディのイタリア本土への上陸が間近に迫り、トリーノでは、その対応策をめぐって大混乱となっていた。カヴールは、六月から七月にかけて、ガリバルディがつくり出した状況に押されて、両シチリア王国のサルデーニャ王国への併合を認め始めている。しかし、その時点でも、まだイタリア全土の統一をカヴールは決断していない。

ナポレオン三世の要請を受けて、七月二二日、国王はのちに真贋論争となる二つの書簡をガリバルディに送った。一通はイタリア本土上陸の中止を求める内容である。もう一通は、進軍を続けることを肯定するものである。

二つの書簡の存在は、ガリバルディの反応次第で、トリーノ政府が行動を決定するというカヴールの指示によるものではなかったか、それはわからない。ガリバルディの返答は、イタリア本土への上陸を敢行するというものであった。

ガリバルディがイタリア本土に上陸し、ナーポリを征服すれば、リソルジメント運動の主導権が民主主義者に決定的に移行する可能性がある。カヴールは焦った。イタリア統一という民族運動がガリバルディに独占されるのを阻止するために、カヴールがシチリア・南部イタリアをサルデーニャ王国に併合し、イタリア統一に踏み切るのは、ガリバルディの快進撃に押されての決断であった。

「いつものように、プラグマティストで、柔軟な」（レーヴラ）カヴールは、自らの考えに固執することはなかった。窮途末路に追い込まれたカヴールは、一八六〇年八月九日、ニーグラに次のように書き送っている。

ガリバルディは一人の人間ができうるもっとも偉大な貢献をイタリアに行った。かれはイタリア人に自信を与えた。かれは、イタリア人が祖国を取り戻すために戦場で戦い、そして死ぬことができることをヨーロッパに向かって証明した。親愛なるニーグラ、ここに、誇張ではなく、わたしの人気や名声が失われることより、イタリアができることを望むとはっきりといっておきたい。いま、この時に、イタリアを創るために、ヴィットーリオ・エマヌエーレとガリバルディを対立させる必要はない。

続けて、カヴールは、次のように記している。

多くのイタリア人には、国王がガリバルディの友人の一人と映り、威信のすべてを失うことになる。王冠は保持できるであろうが、それが勇敢な英雄によって国王に授けられたとみなされるようなことになれば、王冠は輝きを失うであろう。ガリバルディがナーポリで共和国を宣言することはないであろう。しかし、サルデーニャ王国への併合は行わず、独裁制を保持し続けるであろう。〔中略〕民衆の声望を集めているガリバルディと戦うことはできない。譲り合うしか方法はない。ナーポリ政府はガリバルディが本土に上陸する前に崩壊するか、ガリバルディが奪取するであろう。秩序と慈悲の名において、ガリバルディからイタリアの運動の主導権を奪還し、われわれの手に掌握するために、国王が、近いうちに出発する。この大胆で、無謀といえる行動は、ヨーロッパで顰蹙を買うことになり、外交に混乱を引き起こすことになろう。おそらく、近い将来にオーストリアと争うことになろう。しかし、そのことはわれわれを革命から救い、イタリアの運動に力と栄光、すなわち民族的特徴と君主制を保持することになる。

書簡に見るように、カヴールが恐れたのは、ガリバルディの圧倒的な名声が、国王の存在をはるかに凌駕していることであった。たしかに、ガリバルディの理想は「民族的偉業の長としてヴィットーリオ・エマヌエーレを称揚する、民族的な君主制」（ロメーオ）であった。しかし、ガリバルディの手によって、ヴィットーリオ・エマヌエーレに「イタリア王冠」が授けられることは絶対に避けねばならなかった。それは国王の尊厳にかかわる問題であった。

もしガリバルディによってイタリアの王冠がヴィットーリオ・エマヌエーレ二世に授けられ

るようなことになれば、サヴォイア王家の威光は弱まり、国王は信望を完全に失いかねない。国王は王位を保持するであろうが、民衆の英雄ガリバルディの威光に隠れてしまい、イタリア人の目には国王がガリバルディの友人の一人にしか見えなくなるであろう。

カヴールは、八〇〇年以上も続いてきたサヴォイア家を守り、理想としてきた自由主義的君主制国家を樹立しなければならなかった。カヴールは、ガリバルディへの熱狂的な民衆の支持に対抗して、ヴィットーリオ・エマヌエーレ王を象徴とするサヴォイア王家の威光を是が非でも守らねばならなかった。

イタリア統一の決断

ガリバルディ率いる義勇兵部隊は、八月一九日、メッシーナ海峡をわたり、イタリア本土のカラーブリアに上陸し、破竹の勢いでナーポリに向けて進軍を開始した。カヴールは、ガリバルディのナーポリ到着の前に、英雄のガリバルディの「債務者」にならないために、かつ君主制を確実なものにするために、中部イタリアのように、サルデーニャ王国併合のクーデタをナーポリで企てた。しかし、それは失敗した。

カヴールは、八月二八日、カリニャーノ公エウジェーニオに、「イタリアの運動の主導権が政府の側にとどまるのか、それともガリバルディ側に移るのかを決定する時にいたった」、と書き送っている。カヴールは、この時点で、ガリバルディから「民族運動の主導権を取り戻す」（ローメーオ）ことを決意し、南部イタリアを含めたイタリア全土の統一に踏み切った。一八六〇年八月末のことである。

サルデーニャ軍のナーポリ派遣

カヴールは、教会国家のマルケとウンブリアへの軍事侵入を決定し、その承認をナポレオン三世から得た。八月二九日のニーグラ宛の書簡で、次のように記している。

ガリバルディをナーポリでとどめることができない。別のところでかれを阻む必要がある。それはウンブリアとマルケになろう。非常に早く、蜂起運動が勃発するであろう。秩序と博愛の原理の名において、チャルディーニがマルケに、ファンティがウンブリアにはいることになる。ラモリシエール（ローマのフランス軍司令官）を海に放り出し、不可侵のローマを宣言して、アンコーナを奪取することになろう。（フランス）皇帝はすべてを承認した。〔中略〕最高の時が到来した。神のご加護があれば、三ヵ月以内にイタリアは成るであろう。

その時、カヴールは、マッツィーニなどが準備していた教会国家への侵入計画をつぶした。

図版11－2　ナーポリ民衆に熱狂的に迎えられるガリバルディ

それは、ガリバルディの動きと連動したローマ進軍を阻止し、フランス軍との衝突を防ぐためであった。
　ガリバルディ軍が、ナーポリ征服後にローマに進軍すれば、そこに一八四九年以来駐屯していたフランス軍との衝突は避けられない。そうなれば、フランスとの関係が崩壊してしまう。カヴールは、そのようなことは絶対に阻止しなければならなかった。カヴールには一刻の余裕もなかった。
　刻一刻と切迫する状況に焦慮し、矢も盾もたまらないカヴールは、国王に同行してナーポリに行くことを考えた。しかし、国王からも、ガリバルディからも嫌われていることを自覚していたカヴールは、トリーノからの遠隔操作で国王にガリバルディを説得させることを選んだ。
　ガリバルディはイタリア本土のカラーブリアに上陸するや否や、向かうところ敵なしで、九月七日にナーポリに無血入城した。ガリバルディよりも早くナーポリに到着するというカヴールの計画は成功しなかった。

二人の独裁者

この時、イタリアには二人の独裁者がいた。一人は独裁官を宣言していたナーポリのガリバルディである。もう一人は首相のほかに外相・内相・陸相・海相を兼任するトリーノのカヴールである。

国王のナーポリ入城まで、イタリアの運命を決定する権限がカヴールに集中していた。すべての政治がカヴールによって決定された。イタリア統一を目の前にした時期に、カヴールはイタリアの実質的な独裁官であった。

この時期のガリバルディとカヴールの関係について、マッツィーニは、『ウニタ・イタリアーナ』紙（一八六〇年七月二五日付）に、「ガリバルディとカヴール」と題する記事を書いている。「二人の男（ガリバルディとカヴール）は、今日、イタリアの運命について競い合っている。二人の男と二つの体制である」。二人の対立点は「原則」ではなく、「民族的統一」という「目的」を実現するための手段にあった。

ガリバルディの心のなかでは、イタリアの偉業を武器をもって実現するという計画が沸き立っている。このガリバルディの「イタリアの偉業を、カヴールはあらゆる方法で邪魔し、阻止しようとしている」。

国王も完全にカヴールに支配されていた。国王はカヴールの指示に従うしかなかった。イタリア統一の最終段階で、自らの主導権を全く発揮できない国王はカヴールに替えて、忠臣の英雄ガリバルディを首相にすることさえ考えていたという指摘もある。

教会国家を越えるサルデーニャ軍

カヴールは、サルデーニャ軍が教会国家を通過するための口実として、教皇庁にスイス人傭兵の解雇を求める最後通牒を行った。サルデーニャ軍は、教皇庁の拒否の返答が届く前に、教会国家の国境を越えた。ガリバルディがナーポリに凱旋入城を果たした四日後の九月一一日、サルデーニャ軍はマルケとウンブリアを占領した。

その時、ガリバルディは、国王にたいして、カヴールを含む大臣の更迭を求めた。くわえて、ローマに進軍し、そこでヴィットーリオ・エマヌエーレ国王をイタリア王として宣言して、自分は独裁官を辞任すると伝えていた。しかし、九月一四日、国王は内閣の更迭と「ローマの行動」は、「大きな共通の利益に」そぐわず、できないことであると、ガリバルディに伝えている。

ガリバルディは、国王の返事がカヴールの考えを反映したものであることを察知して、「民族的尊厳を損ない、イタリアの一つの地域を売りわたした」もの、すなわち、ニッツァをフランスに割譲したカヴールとは、絶対に和解することはできないと返事している。

国王は、南部イタリアの領土を「回収」するためにナーポリに向かった。ガリバルディは、ブルボン軍と雌雄を決した一〇月一日のヴォルトゥルノの戦いまで、ローマに進軍し、ヴェネトに向かう考えを放棄しなかった。

カヴールは、ガリバルディが災いをもたらす行動に出れば、「一五日以内にナーポリとパレルモの秩序を回復するために、ガリバルディ主義者のすべてを海に放り投げねばならない」とナポレオン三世に伝えるように、ニーグラに指示している。カヴールは次の手を打った。

南部イタリアとシチリアの住民投票

カヴールは、九月二一日、「わが立憲君主国に参加する住民の意思」を確認するために、住民投票を南部イタリアとシチリアで行うことを決定し、一〇月二日に、次のような議会演説を行った。

独立のために自由を犠牲にすることなく、一人のクロムウェルの独裁的な手中にも革命的専制主義にも陥ることなく、民族として成立することができるイタリアの栄誉をわたしは得たと思う。〔中略〕一人、あるいは何人かの独裁者の革命的独裁に復帰することは、民族の独立と不可分なものである自由の誕生を殺すことになろう。

「一人のクロムウェル」とはガリバルディのことである。カヴールは、南の革命的独裁者ガリバルディの主導権を奪取し、自由主義的君主制によるイタリア統一を明示した。その時、民主主義者は制憲議会において政治体制を決定することを主張していたが、ガリバルディの革命をヴィットーリオ・エマヌエーレ二世を国王とする君主制に一致させるというカヴールの主張に押し切られた。カヴールは、奔流のようなガリバルディの進軍を制御し、ガリバルディの成果を自らに手繰り寄せることに成功したのである。

住民投票の結果

住民投票は、一〇月二一日に行われた。それは、「立憲君主のヴィットーリオ・エマヌエーレ二世と、その正統な後継者による、一つの、不可分なイタリアを望む」かについて、イエスかノーで問うものであった。

中部イタリアにおいても住民投票という方式で併合されたが、それはサルデーニャ王国への併合という住民の要求に応じたもので、サルデーニャ王国が中部イタリアに課したものではなかった。

しかし、南部イタリアでは、有無をいわせず、強制された、サルデーニャ王国への併合であった。中部イタリアと南部イタリアで住民投票が行われたが、問われたものは明らかに異なっていた。それは、ガリバルディによる征服と、かれを熱狂的に支持する人々の存在を恐れたからにほかならない。

住民投票の結果は、半島部では賛成一三〇万二〇六四票、反対一万三一二票、シチリアでは賛成四三万二〇五三票、反対六七七票であった。住民は、ブルボン家の両シチリア王国を拒否し、サヴォイア王家のサルデーニャ王国への併合の意思を示した。

カヴールはガリバルディに勝った。カヴールは、南部イタリアを征服したガリバルディの手柄を巧妙に自らの成果に取り込んで、イタリア統一の第三局面は終わった。マッシモ・ダゼーリョは、一〇月二四日、「このように急激に」事態が進展し、ついていけないほどである、と述べている。

イタリア統一の総仕上げは、南下してきた国王ヴィットーリオ・エマヌエーレ二世とガリバルディのテアーノでの出会いである。

「ここにイタリア王がおられる」

国王とガリバルディは、住民投票の五日後の一〇月二六日の朝、テアーノで出会った。白馬に乗った軍服姿の国王は、同じく馬上の赤シャツに灰色のポンチョを着たガリバルディに近づき、握手を交わした。その時、ガリバルディは、「ここにイタリア王がおられる」、と声高く叫

図版11－3　シエーナのパラッツォ・プッブリコの天井に描かれた国王とガリバルディのテアーノにおける出会い

んだ。そこには国王と忠臣により実現したとする、イタリア統一のクライマックスが劇的に演出された。それはリソルジメント運動のもっとも輝かしい一局面として語り継がれることになる。

しかし、国王は、偉業を成し遂げたガリバルディの功績を讃えることもなく、義勇兵を慰労することもなかった。その出会いは、「きわめてよそよそしい、生気のない」ものであった。それは、カヴールの勝利、ガリバルディの敗北をしるすものであった。

国王はガリバルディと並んで、ナーポリに入城した。ガリバルディは南部イタリアにおける一年間の独裁官を国王に求めたが、拒否された。統一イタリアの成果は、すべてがサヴォイア王家に帰せられるものでなければならなかった。それこそが政治家カヴールが望んだことであった。国王は死を賭してイタリア統一のために戦った義勇兵への閲兵の約束を守らず、ガリバルディは失意のなかに終の棲家のあるカプレーラ島に戻った。

XII　カヴールにとってのイタリア統一

イタリア人となったカヴール

二〇一〇年にトリーノでカヴール生誕二〇〇周年を記念する「カヴール、イタリアとヨーロッパ」と題する歴史会議が開催された。そこで、ウンベルト・レーヴラは、歴史の歯車が音を立てて動き始めたプロンビエール密約から中部イタリアのサルデーニャ王国への併合までの二年間、カヴールが「近代のもっとも素晴らしい大仕事」に取り組んでいると認識していた、と指摘している。

「読書と旅行」を通じてヨーロッパ人となったカヴールは、リソルジメント運動の最終段階まで、アルプス山麓からシチリア島にいたる、現在のような統一国家イタリアを考えていなかった。たしかに、カヴールは、「若い時に夢見た偉大で、強く、輝かしい一つのイタリア」と回顧している。だが、かれの領土的願望は、一八五六年まで、オーストリアが支配する、豊かなロンバルディーアを超えるものではなかった。

カヴールにおいて、「自由主義社会の建設に不可欠な前提は国民国家の形成であった」（ロメーオ）が、その国民国家は、イタリアではなく、サルデーニャ王国であった。かれがめざしたのは、サルデーニャ王国をイギリスやフランスのように文明化し、自由主義国家とすることであった。カヴールは、政治的・社会的混乱をともなう革命ではなく、穏和な自由主義にもとづく改革によって、ピエモンテに進歩をもたらし、社会・経済を発展させることをめざした。

だが、ガリバルディのシチリア征服にともなう民主主義勢力の急激な伸長によって、カヴールの主導権と、サヴォイア王家を中心とする自由主義国家の樹立という目標が絶体絶命の危機に立たされた。

まさにその時、カヴールはガリバルディの行動に押されて、イタリア統一を決断した。カヴールは、リソルジメント運動の最終局面で、ガリバルディが征服した南部イタリアをサルデーニャ王国に併合する「政治的行動の責任」（ロメーオ）を通じて、イタリア人になった。

カヴールは、「暴力によらず、極端に走ることなく」、「漸進的で、賢明な進歩の熱意、個人の権利を尊重」し、「実現すべき目標の危険と犠牲」（ロメーオ）のバランスをとりながら、イタリア統一を達成した。

「マキャヴェッリ的なグイッチャルディーニ」

思想家で小説家のアルフレード・オリアーニは、「マッツィーニの愛国主義はマキャヴェッリのもので、カヴールのそれはグイッチャルディーニである」と指摘している。ルネサンス時代のフィレンツェで、友人でもあったマキャヴェッリとグイッチャルディーニという二人の人物を対比して、カファーニャはカヴールを「マキャヴェッリ的なグイッチャルディーニ」と指摘している。

マキャヴェッリが理想としたのは、支配者が力によって被支配者を掌握し、外国の介入・圧力に対抗できる強力な機能を持つ君主制国家である。グイッチャルディーニは、マキャヴェッリのような理想への情熱はなく、「打算的・利己的」であり、現実への妥協を特徴とする現実主義者であった。カヴールは、マキャヴェッリとグイッチャルディーニの特性をあわせ持っていたということである。

カヴールの運と能力

カヴールは、生き馬の目を抜くようなヨーロッパの国際政治だけでなく、民主主義者・共和主義者と激しく対立する国内政治においても、タイトロープをわたるように活路を見いだし、イタリア統一という難題を解決した。

カヴールは運に恵まれていただけではない。その運を活用する能力を持ち合わせていた。それは「能力をともなう政治的な運の桁外れの例」(カファーニャ)である。「というのも、つまるところ、概して、徳は運をうまく利用することができるかどうかにかかっている」(カファーニャ)。カヴールの徳は、「政治的感性」である。かれは戦略と戦術を臨機応変に使い分け、敵対者を緩急自在に競わせ、時には引き入れ、時にはつぶすことに長けていた。

第一の運は、パリ講和会議で領土獲得には成功しなかったが、カヴールが目に見えない、大きな外交的成果をあげたことである。それは、オーストリア支配に起因するイタリアの問題をヨーロッパの外交の舞台で明らかにできたことである。それによって、サルデーニャ王国、そしてカヴールは、ヨーロッパにたいしてはイタリアの代表として、イタリア諸邦にたいしてはイタリアの代弁者として、ヨーロッパとイタリアをつなぐ存在となった。

第二の運は、ナポレオン三世の変節によって、プロンビエール密約が頓挫し、前途が閉ざされたと思われた時、カヴールは、フランスとの同盟関係を維持しながら、オーストリアを挑発し続け、オーストリアを宣戦布告へと追い込み、開戦理由をつくり出したことである。

第三の運は、カヴールは、戦争参加の代償として、領土獲得が不可欠であったナポレオン三世の足元を見て、サヴォイアとニッツァの割譲の交換として、中部イタリアのサルデーニャ王国への併合を認めさせたことである。

第四の運は、たとえ敵対する勢力があげた成果であれ、それを自分の目的に取り込むことに成功したことにある。その典型的な例がガリバルディのシチリア征服という大成果を自由主義国家という目的に組み入れたことである。

高揚と絶望の反復で神経をすり減らすのは勝負師のつねであるが、ナポレオン三世による突然のヴィッラフランカの休戦に、カヴールは奈落の底を見た。しかし、カヴールは危機をチャンスに変える、勝負師の能力を持ち合わせていた。かれの戦いは、何手も先まで読んで、戦略にもとづいて戦うチェスでもなく、切られたカードで次の手を打つトランプでもなく、瞬間的な戦いであるダイスであった。かれは運にも恵まれていた。歴史の女神クリオが何度かかれに微笑んだ。かれにつきが回ってきたのである。

カファーニャはカヴールを、待ち伏せして他者が捕獲した「獲物を狙う猫」に例えている。それは、わずかのチャンスも見逃すことなく、活路を見いだすカヴールの天才的な能力、刻々と変化する状況に対応して大胆に戦略を修正し、立て直す才能である。

XIII

イタリアは成った

イタリア王国の誕生

イタリア王国は、二四万四〇〇〇平方キロの領土に、二二〇〇万人の人口で船出した。トリーノのカリニャーノ宮殿に、一八六一年三月一七日、オーストリア支配下のヴェーネトとフランス軍が駐屯するローマを除く、イタリアで選出された議員が集まった。

カヴールは、国王をイタリア王国で最初の国王ヴィットーリオ・エマヌエーレ一世ではなく、サルデーニャ王国国王のまま、ヴィットーリオ・エマヌエーレ二世とする法案を議会に提出した。フィレンツェ出身のリカーソリは、イタリア国王ヴィットーリオ・エマヌエーレ二世の称号にたいして、サルデーニャ王国とイタリア王国の連続性を示すものであると不服を表明した。「イタリア王」よりも「イタリア人の王」の方が国民の意志を示しているという意見もあった。カヴールは、住民投票で国王は承認されており、もし一世とすれば、何世紀にもわたる輝かしい歴史を持つサヴォイア王家の名誉を汚すことになると反対した。

議会は、「神の恩寵と国民の意志によるイタリア王」ヴィットーリオ・エマヌエーレ二世を満場一致で承認した。サルデーニャ王国の二世の称号を継承したことに加えて、イタリア王国では第一回議会であるにもかかわらず、サルデーニャ王国の議会の継続として第八回目でとなった。そこに、サルデーニャ王国による国家統一を主導したピエモンテ人としてのカヴールの誇りと自負心を見てとれる。

カヴールは、イタリア統合を意識して、イタリア各地の出身者からなる新しい内閣を発足させた。かれは、ピエモンテ人や個人的な協力者を優先したという批判を避けて、下院議長に不仲になっていたラッタッツィを任命した。上院議長には、フィレンツェ出身のリカーソリが拒否したことで、シチリア人のルッジェーロ・セッティモを任命した。南部イタリアを考慮して、公教育相にナーポリ出身のデ・サンクティスを任命した。

困難な国民統合

オーストリアとの戦争は短期間で終わったものの、戦争に約一億リラの戦費を費やした。それはサルデーニャ王国が公債発行で調達した五〇〇〇万リラの二倍にあたるものであった。イタリア王国は大幅に膨らんだ戦費のほかに、併合した諸邦の債務も引き受けた。イタリア王国は、財政的にきわめて苦しいスタートとなった。

そのような問題に加えて、カヴールは、南部イタリアの統合の困難性について、一八六〇年一一月、ナポレオン公宛の書簡で、「たしかに、イタリア半島の統一は一日にしてなるものではない。それを構成する異なる要素を一つのものにするためには多くの時間と労力を必要とする」、と記している。一八六一年二月一八日付の従兄弟デ・ラ・リーヴ宛の書簡で、カヴールは次のように記している。

わたしの課題は、これまで以上に忍耐のいる、困難なものである。イタリアを樹立し、それを構成するさまざまな異なる要素を一つにまとめ、北部と南部を調和することは、オーストリアとの戦争、ローマ教会との闘争と同様に困難なものである。

イタリア統一は、「石とモルタルではなく、熱意と才能による」ものであり、「接着剤も、ねじも、ボルトも完全に欠けていた」(カファーニャ)。カヴールは、イタリア王国の船出にあたって、イタリアを国民国家として統合することがいかに困難であるかということを十分に認識していた。

地方分権ではなく中央集権の選択

カヴールは、一八六〇年末から一八六一年初頭にかけて、議会は「調和と統一の機関」であり、「中央集権的な」国家にはしないことを表明していた。とくにシチリアにたいしては、「きわめて広範な地方分権的行政組織の適用」を示唆している。一八六一年一月一五日の議会演説で、カヴールは、カッターネオの連邦主義を想起するかのように、次のように述べている。

われわれは地方分権主義を愛するものである。われわれの国家は首都が地方に圧政をもたらすものではないし、イタリアの伝統と習慣と相容れない、人為的な中心を持つ国が王国のすべての成員と分派を支配下におく官僚的特権を創出するものでもない。

カヴールは、統一前に南部と北部のイタリアの経済的・文化的「二重性」をすでに十分に認識しており、中央集権的体制を望んでいなかった。しかし、カヴールは、崩壊した両シチリア王国のブルボン王家と教皇庁が結合して背後で働きかけた、ブリガンタッジョ、いわゆる「匪賊の反乱」に、対処しなければならなかった。両シチリア王国の崩壊とともに、南部イタリアに燎原の火のように広がり、一八六五年まで続く反統一の反乱を、カヴールは誕生したばかりのイタリア軍によって、強権的に鎮圧することになる。

カヴールは、南部イタリアは「イタリアではなくアフリカである」（ファリーニ）という政治家の言説もあって、一八六〇年一二月一四日に、国王に次のような書簡を送っていた。

目的は議論の余地のないほど明白です。イタリアのもっとも腐敗し、もっとも弱体のところに統一を課すのです。手段については躊躇することはありません。道義的な力で十分でなければ、物理的力です。

ここに、カヴールの政治的倫理観が示されている。そのことを、ロメーオは「カヴールのエリート的自由主義のなかにまぎれもなく存在する権威主義的な要素」と指摘している。

カヴールは、一八六一年三月、南部イタリアの「匪賊の反乱」にたいして、「議会で承認された強力な行動が効果的な解決法を適切に用いるであろう」と述べている。効果的な解決法とは、誕生したばかりのイタリア軍によって、イタリア国民になったばかりの南部イタリアの農民反乱を鎮圧することであった。

ヨーロッパ諸国の反応

国民国家イタリアは、カファーニャが指摘するように、一八一五年のウィーン体制で補強された、列強の静的な均衡から脱皮し始めていたヨーロッパにおいて、きわめて困難な「帝王切開」によって誕生した。それは、ウィーン体制の根幹を揺るがすヨーロッパ的事件である。そこに、国民国家イタリア誕生のヨーロッパ史における重要性が存在する。

イタリア半島に「太陽を取り囲む惑星」のように、フランスの衛星国家を形成しようと考えていたナポレオン三世は、イタリア王国は短期間のうちに崩壊すると考えていたようである。ナポレオン三世は、統一国家イタリア王国に「穏やかに」反対した。

イギリスは、一八六〇年夏まで、イタリアにおける統一のプロセスを抑えようと試みている。

とくに、イギリスは、サヴォイアとニッツァのフランスへの割譲の後、カヴールをナポレオン三世の単なる道具とみなしていた。

オーストリアは、両シチリア王国の崩壊がヴェーネトへと続くことを認識しながらも、厳しい財政やハンガリーでの革命の恐れがあったことから介入はできなかった。プロイセンは自国の利益とは結びつかない問題には消極的であった。

誕生した国民国家は対外的に承認されることによって成立する。カヴールはそのことを十分に認識していた。イギリスとスイスは三月三〇日に、アメリカ合衆国は四月一三日にイタリア王国を承認した。しかし、フランスのイタリア王国承認は遅れていた。それは、カヴールが亡くなった後のことである。

「わたしたちはローマに行かねばならない」

イタリア人になっていたカヴールは、ロメーオによれば、「ローマを放棄するような行為は民族の正統性を疑わせることにつながる」と認識していた。イタリア王国の首相となったカヴールは、イタリアの民族的課題の完成のためには、首都ローマが不可欠であるという、イタリア人の意識を持つにいたった。

カヴールは、三月二五日、イタリアの歴史的・精神的な中心であるローマを首都とする、いわゆる「首都ローマ」宣言を議会で行った。

わたしたちはローマに行かねばならない。しかし、二つの条件がある。わたしたちはフランスと一致してそこに行かねばならない。そのうえに、イタリア王国とこの都市の結合がイタリアのカトリック教徒の大部分に理解され、イタリアの外では教会が屈従したとみなされてはならない。わたしたちはローマに行かねばならないが、教皇庁の真の独立が低下することがあってはならない。わたしたちはローマに行かねばならないが、市民的権威はその力を精神的な秩序に広げることがあってはならない。

「首都ローマ」宣言が、フランスに、そしてカトリック教会に配慮した文章であることがわかる。イタリア王国の樹立が宣言された翌日の三月一八日、教皇ピウス九世はイタリア政府との交渉を全面的に拒否することを表明していた。非妥協的な教皇ピウス九世は、「カトリックにたいする無限の誤り、際限ない悪を生み出す母」として国民国家イタリア王国を否定した。この国家と教会との対立はイタリアの国民形成にとって最大の障害物となった。

ここで確認しておかねばならないのは、首都ローマは、マッツィーニが早くから主張していたものだということである。マッツィーニは、「皇帝のローマ」(古代のローマ)、「教皇のローマ」

（中世のローマ）に続く、近代の「人民のローマ」、すなわち「第三のローマ」を一八三一年から主張していた。

カヴールはマッツィーニの「人民のローマ」の主張を、サヴォイア王家の「君主」のローマとした。カヴールの首都ローマは、マッツィーニの「人民のローマ」を換骨奪胎したものであった。

そのことに関連して、カファーニャは、マッツィーニの思想も取り入れた国民国家イタリアの誕生の「複合性」を指摘している。それは、マッツィーニが主張していたシチリアと南部イタリアを含むイタリア統一と同じく、カヴールが民主主義者と行った「歴史的妥協」（オモデーオ）の例としてあげられる。

「自由な国家の自由な教会」

カヴールは、「首都ローマ」宣言の二日後の三月二七日、「自由な国家の自由な教会」と呼ばれる演説を行った。かれは、プロテスタントやワルド派、ユダヤ教などを否定する、カトリックを国家の唯一の宗教と定めたアルベルト憲章第一条を、「信仰の自由が十分に認められていない」として、反対していた。カヴールにとって、信仰の自由は、思想の自由とともに、「近代文明の最大の、もっとも重要な獲得物」であり、「社会的契約の根本的な基礎の一つ」であった。

カヴールは、教会と国家、すなわち宗教と政治の分離という問題を解決すべく、統一直後から、教皇庁と交渉していた。かれは、近代文明と相容れない教皇の世俗権の放棄を前提として、「自由な国家の自由な教会」という政教分離を提起するとともに、ローマ教会に全体的な自由を付与し、いかなる法的な支配も行わないことを示していた。「自由な国家の自由な教会」は、自由主義を信奉したカヴールが行った最後の仕上げであった。

かれは、「もし教皇庁が国家にたいして致命的な闘争を挑むようであれば」、その責任は「教会と国家の、宗教の精神と偉大な自由の原理の間の平和」に敵対する人々の側にあると述べたうえで、次のように述べた。

われわれは、宗教的・市民的社会のあらゆるところに自由の体制を導入しなければならないと信ずる。われわれは経済的自由を求める。われわれは思想の完全で、絶対的な自由を望む。われわれは公的秩序の保持と両立できるあらゆる政治的自由を欲する。それは、われわれが樹立しようとする自由の原理が、教会と国家の関係にも適用されるものであり、両組織の調和に必要であるからである。

最後に、カヴールは、「イタリアは、もっとも輝かしい民族的組織として、教皇庁に特別に配慮する、献身的な番人となろう」と宣言した。

カヴールの議会における最大の勝利は、イタリア国王ヴィットーリオ・エマヌエーレ二世をイタリア国王とし、「自由な国家の自由な教会」の原則を打ち立て、「首都ローマ」を宣言したこと、とロメーオは指摘する。

二つの軍隊をめぐる戦い

シチリア・南部イタリアを征服したガリバルディ率いる義勇兵の処遇は、カヴールにとって、きわめて深刻な問題であった。ニッツァの割譲によって最悪の関係にあったカヴールとガリバルディは、四月一八日の議会で、激しい議論を交わした。

政府は、千人隊から名前を変えていた南部軍の解散という方針を提示した。これにたいして、ガリバルディは、イタリア王国成立のために戦った義勇兵に報いるべきで、かれらの正規軍への無条件編入を求め、政府の提案に激しく抗議した。ガリバルディは、義勇兵の貢献を考慮しないカヴールの「冷酷で敵対的な策謀」にたいする激烈な演説を行った。

カヴールは、大量の義勇兵を正規軍に編入することによる、軍隊の肥大化を防ぐという問題もさることながら、義勇兵のなかに政府に敵対的な民主主義者・共和主義者が存在することを恐れた。それは、トロイの木馬のように、敵を軍隊のなかに導き入れるようなものであったからである。

カヴールは、イタリア統一に多大な貢献をした義勇兵を、半年の給与と引き換えに、野に放つことは、成立したばかりの国家にとって、想像のつかない危険を招来する恐れがあることも認識していた。

カヴールはきわめて厳しい選択を迫られた。国王の仲介でカヴールとガリバルディの会合が持たれたが、両者は握手すらしない険悪な雰囲気であった。結局、会談は決裂し、政府案が承認された。憤懣やるかたないガリバルディはカプレーラ島に戻った。

その後、ガリバルディは、ヴェーネトとローマの解放をめざす「イタリア解放委員会」を結成した。かれは一八六二年八月に南部イタリアのアスプロモンテ山中で、ローマ解放をめざして、決起した。反乱はイタリア軍に鎮圧され、ガリバルディはイタリア軍が放った銃で負傷した。一八六七年一一月には、メンターナで反乱を起こすが、これもイタリア軍に鎮圧された。

なお、イタリアは、一八六六年六月、プロイセンとオーストリアの戦争にプロイセン側に立って参加し、プロイセンの勝利によってヴェーネト併合を実現することになる。

ローマ遷都は、カヴールの生存中に実現しなかった。一八六四年の、フランスとの、いわゆる「九月協定」で、トリーノからフィレンツェに遷都した。ローマに一歩、近づいた。普仏戦争でフランス軍が軍隊を移動させた時を狙って、イタリア軍は教皇軍とポルタ・ピーアの戦いでローマに入城した。一八七〇年九月二〇日のことである。

カヴール死す

カヴールは神経をすり減らす仕事の疲れか、五月末になると体調を壊した。当時ヨーロッパで行われていた最先端の医療である、血液を排出させる瀉血《しゃけつ》の治療も行われたが、かれの病状は改善せず、危篤状態に陥り、譫妄の兆候も現れた。

カヴールは、一八六一年六月六日、朝七時前に息を引きとった。イタリア王国初代首相となってわずか七六日目のことであった。五〇年九ヵ月と二八日の生涯であった。それは、あまりに突然の、あまりに若すぎる死であった。死因は、レーリの農場で感染したマラリアであったといわれる。

カヴールは、六月五日の朝、教区司祭から終油の秘跡を与えられた。その日の夜に、国王も見舞いに訪れた。その時、意識が戻ったカヴールは、イタリア王国を承認するナポレオン三世の書簡は届いたか、と国王にたずねた。フランスのイタリア王国承認の知らせが

図版13−1　カヴールを見舞った国王

届いたのは、カヴールが亡くなって九日後の六月一五日であった。

カヴールは、まさに人生を賭けて自由主義国家イタリアの樹立をめざした。それはかれの理念の実践であった。心腹の友であったカステッリは、混濁状態にあったカヴールの末期の言葉は「イタリアはできた、すべてが救われた」であった、とマッシモ・ダゼーリョに語っている。

図版13−2　10人でも足りない、カヴールの重要性を描いた風刺画

篠突く雨のなか、六月七日の午後、トリーノで国葬が執り行われた。遺体は、サヴォイア王家の墓のあるスペルガへの埋葬が国王によって提示されたが、サンテナのカヴール家の礼拝堂に埋葬された。

イタリア王国は、それでなくても困難が予想された国造りの、狡知に長けた舵取り役であったカヴールを突然に失った。かれの後を継いだのは穏和的自由主義者たちであった。のちに、「歴史的右派」と呼ばれる勢力で、ブルジョア階層からなる自由主義者であった。

今、カヴール家は

カヴールは、生涯独身を通し、子どもがいなかった。兄グスターヴォの子どもアイナルドが法定相続人であった。アイナルドは精神的に不安定で、叔父の遺産をめぐって父と争いが絶えず、叔父の死から一四年後に亡くなった。

カヴールが心血を注いだレーリ農場はトリーノの慈善救貧院に寄贈された。トリーノのカヴール邸はフランス国籍の従兄弟のものとなり、貸し出されると、カヴールの歴史的な記憶も匂いも瞬く間に消えてしまった。サンテナの屋敷はトリーノ市に寄贈された。

兄グスターヴォには二人の娘がいた。一人は独身で、もう一人の娘がエミリオ・ヴィスコンティ・ヴェノスタと結婚していた。その子どもが一九四七年に亡くなると、カヴール家は消滅した。

カヴールには浮名を流した女性たちがいた。その一人が、晩年に心を通じたビアンカ・ロンザーニである。彼女はハンガリー出身のバレリーナであったといわれる。トリーノ王立劇場の支配人であった夫と別れた後に、ロンザーニはカヴールと親しい関係になった。

彼女は、クリミア戦争参戦からイタリア統一にいたる激動の時に、苦境に立たされ、自殺をも考えたカヴールを支えたパートナーであった。カヴールは、楽観的で、微笑みを絶やさない、自己抑制のきいた、広く流布したイメージとは異なり、心を許したロンザーニに、精神的動揺など弱みをさらけ出している。

カヴールの遺言にはロンザーニの名前はなかったが、彼女には一時金が支払われた。ロンザーニに宛てたカヴールの手紙は、かれの名誉を守るために、遺族に返還されたという。カヴールの死から数年後、その手紙が骨董屋で売りに出された。それはカヴールの名誉を守るために、政府筋によって買いとられ、処分されたという。

むすびに

イタリア王国の誕生が稀代の政治家カヴールに帰せられるとしても、それには多様な人々の貢献があったことを考慮する必要がある。どこに漂着するか誰もわからなかったイタリア統一において、カヴール、ガリバルディ、そしてマッツィーニなどさまざまな要素が補い合っている。

イタリアの誕生を「歴史的妥協」と指摘するオモデーオは、「リソルジメントは対立勢力と協力勢力の絶対的な特徴を持ち続けた」、と述べている。

カファーニャも、「イタリア統一への動きは複数の過程をうちに含む一つのプロセスという形」をとり、変革をめざす三人のアクターがそれぞれに異なる主張を持ちながらも、時にはほかのアクターを受け入れた「複合性」で特徴づけられていると指摘している。

カヴールは、オーストリアを中心とするウィーン体制に代わって、ヨーロッパにおけるフランスの覇権の奪還をめざすナポレオン三世の野心を利用した。カヴールは、目的実現のためにナポレオン三世を手段化しただけでなく、マッツィーニ、ガリバルディも利用した。

マッツィーニがカヴールに与えた影響は大きいものであった。カヴールも含めて、イタリア統一にかかわった多くの愛国者は、とりわけ一八四八年以前にマッツィーニの思想の洗礼を受けている。その最大のものが統一理念である。

カヴールは、ロメーオによれば、マッツィーニが信じた民衆的革命をユートピアとみなしていたとしても、「典型的にマッツィーニの思想である統一がイタリア人自身の努力によって達成しなければならないという信念を共有していた」。

それは、民主主義者との意見の「交換」であった。多くの民主主義者は、イタリア統一を実現するために、共和制・普通選挙・地方分権・制憲議会といった固有の主張を放棄し、サヴォイア王家による君主制を選択した。国王も、行政権の掌握をあきらめて、議院内閣制を支持した。

ロメーオが「知的能力の限界」を指摘する、猪突猛進な英雄ガリバルディは敗者として同情を集め、イタリアの英雄として語り継がれることになる。それは破れしものへの同情、いわゆる判官贔屓に通じるものである。

ただ、カファーニャは、イタリア、そしてヨーロッパでガリバルディが絶大な名声を博していたとしても、「ガリバルディの偉業は、カヴールなしには、灰燼に帰したであろう」、と指摘する。それは正しい。

カヴールを「ただ外交術に秀でた人物」であっただけではなく、「本質的に創造的な政治家」

と評するのはグラムシである。カヴールはまぎれもない天才的な政治家である。しかし、敵の弾丸も避けるという神話が生まれたガリバルディの民衆性が、生涯を亡命者として過ごした孤高のマッツィーニのような悲劇性が、カヴールには欠けていた。

冷酷で、手段を選ばない勝者のカヴールにはドラマがない。貴族出身のカヴールには、その氏と育ちからして、エリート意識があふれる高慢なイメージがつきまとい、人間的魅力が乏しかった。

そのことは、カヴールが亡くなった時に示された反応に如実に現れている。国王は、勉学を理由に王子たちに葬儀への参加を禁じている。ガリバルディは、哀悼の言葉を発することなく、沈黙に徹した。マッツィーニは、カヴールの死が良い影響をもたらすと考えていた。教会は「神の復讐」と述べた。

トリーノのカルロ・エマヌエーレ2世広場にあるカヴールの銅像

カヴールを顕彰する銅像は、ガリバルディ、マッツィーニに比べて、格段に少ない。カヴールの最初の銅像は、一八六一年に建立されたピーサ聖堂の付属墓地にある胸像である。それから二年後の一八六三年に、ノヴァーラに立像が建立された。

「イタリア」誕生から一二年をへた一八七三年、トリーノのカルロ・エマヌエーレ二世広場にカヴールの銅像が建立された。カヴールの足元にかしずくイタリアを擬人化した女性「イタリア・トゥッリータ」（城壁の形をした冠を戴く女性）がオリーブの冠を捧げている立像である。それには、「自由な教会と自由な国家」の文字が記されている。

あとがき

青年時代に、「共和国」という言葉を口にする時、胸が熱くなり、心が弾んだものである。イタリア近代史を研究対象に選んだ時、躊躇うことなく、共和制によるイタリアの統一を主張したマッツィーニを研究テーマとした。全く先が見えない研究生活の退路を断つという思いから、高額な『マッツィーニ全集』一〇六巻を肉体労働による賃金で購入し、机の背後の書架においた。

マッツィーニを研究テーマに選んだのは、その時期のイタリアの研究動向も強く影響していた。戦後イタリアのリソルジメント史研究は、グラムシの『獄中ノート』の影響を受けて、マッツィーニに代表される民主主義勢力とカヴールを中心とする穏和的自由主義勢力の二項対立で論じられていた。

その影響もあり、共和国に憧れるわたしは自由主義者カヴールに取り組むことはなかった。ただ、カヴールに関する史料や研究書は集め続け、本棚の広いスペースを占めるようになっていた。

老境にはいり、時間だけはありあまるほどできた。ガリバルディ、マッツィーニについては、すでに世に問うた。だが、国民国家イタリアの成立を知るには、この二人だけでは十分ではない。もう一人、実際にイタリア統一を実現したカヴールは欠かせない。たしかに、邦文で読めるカヴールの研究書にロメーオの著名な『カヴール』の訳書がある。しかし、それもきわめて専門性が高いうえに、大部である。

そこで、買いためてきた書物を本棚の肥やしにしておかず、それを利用して、カヴールがイタリア統一を決断するプロセスを、新しい研究も踏まえて、一般向けに紹介しておくことを決断した。

カヴールについて書くことには、もう一つの理由がある。イタリアでとりわけ知的な都市トリーノへの恩返しである。トリーノに限りない誇りを持つ、生粋のトリーノ人である友人ピエーロ・ガスタルドがいる。かれは、古今東西の文化に精通する、カヴールと同様に、ヨーロッパ的視野と深い教養を持つ知的エリートである。かれは、『「クオーレ」の時代』を上梓した時から、トリーノの歴史と文化についての情報源であり、絶えず知的刺激を与えてくれている。

かれは、わたしの研究テーマにかかわる、新しい研究書をさりげなく送ってくれる。かれが日本を訪れた時、甲殻類のアレルギーがあることを考慮して、鰯の専門店で食事した。その時、かれはカヴールが鰯の販売で利益をあげたことを教えてくれた。

トリーノを訪れると、ピエモンテ料理の古いレストラン「カンビオ」で、ガスタルド一家とピエモンテ料理を食するのがつねである。「カンビオ」の目の前に、カリニャーノ宮殿がある。現在はリソルジメント史博物館になっているが、サルデーニャ王国時代、トリーノが首都であったイタリア王国時代では下院議会であった。

首相カヴールは、カリニャーノ宮殿の執務室から見下ろせる、レストラン「カンビオ」で食事をするのがつねであった。カヴールは、美食家で、ワインにくわしく、葉巻をたしなんだ（ヴィアレンゴ）。

かれの座るテーブルは決まっており、急用があると、執務室の窓から合図があり、仕事に戻った。いまも、そのテーブルは予約がなければ座れない、記念碑的なテーブルである。

もう一つ、サルデーニャ王国にかかわる貴重な体験を記しておこう。本書でも触れた、ヴィットーリオ・エマヌエーレ二世の愛妾、ロジーナの血を引く外交官の結婚式に、ガスタルド夫妻とともに招待された。

ヴィットーリオ・エマヌエーレ二世がロジーナに与え、かれも住んでいた屋敷はお城である。広大な居間の壁には、ヴィットーリオ・エマヌエーレ二世の大きな肖像画、かれが使用した猟銃、それで射止めた鹿の剥製などが飾られていた。ビリヤード台もあったが、新郎の外交官は、少年時代にそれでピンポンをして遊んだと、笑いながら語った。

本書は、カヴールと同様に、生粋のピエモンテ人で、「ヨーロッパ人」であるピエーロ・ガスタルド、かれのパートナーで著名な政治社会学者のジョヴァンナ・ジンコーネ、カンボジアのゴミ山での経験をともにしたかれらの一人息子で、サン・フランチェスコにならって名付けられたフランチェスコ、かれの妻モーニカ、かれらの子どものアルトゥーロとレーオに捧げる。
最後に、本書も姪の藤澤祥子さんに編集も含めてお世話になった。記して謝意を表したい。

二〇二〇年　コロナと酷暑の夏　八王子にて

藤澤房俊

図版出典

Pierangelo Gentile (a cura di), *Camillo Cavour. Una biografia per immagini*, Torino, Fondazione Camillo Cavour, 2017.（図版１－１，２－２，５－１，７－１，７－５，７－６，７－７，７－８，９－１，９－８，９－９，９－１１，９－１２，１１－１，１３－１，１３－２）

Marco Viscardi, *Camillo Benso conte di Cavour*, Napoli, Esselibri, 2010.（図版２－１，２－３，４－１，５－２，６－１，６－２，６－３，７－３，９－３，９－４，９－６，９－１０，１０－１，１１－２，１１－３）

Vinzseventyfive (https://commons.wikimedia.org/wiki/File:Vista_aerea_del_castello_di_Moncalieri.jpg), CC BY-SA 4.0 (https://creativecommons.org/licenses/by-sa/4.0), via Wikimedia Commons（図版７－４）

主要参考文献

本書は、二冊の研究書に大きく負うている。一冊は、カヴール研究の決定版であるロザリオ・ロメーオの『カヴールとその時代』である。イタリア語の原著（Rosario Romeo, *Cavour e il suo tempo*, Bari, Laterza, 3 voll., 1969-1984）は三〇〇〇頁にのぼる膨大なものであり、普及版（*Vita di Cavour*, Bari, Laterza, 1984；ロザリオ・ロメーオ著、柴野均訳『カヴールとその時代』白水社、一九九二年）も、五三〇頁である。この研究を超えるものは今も現れていない。
もう一冊は、ロメーオの研究を踏まえ、ほかの研究もフォローして、独自の解釈も展開しているルチアーノ・カファーニャの『カヴール』（Luciano Cafagna, *Cavour*, Bologna, il Mulino, 1999）である。

カヴールに関する研究目録として、かれの書簡・論文・議会演説に加えて、かれについての研究書・研究論文が、下記の二冊に完全に網羅されている。

La bibliografia cavouriana sino al 1969 di Giuseppe Talamo nel primo volume pp.160-644 della *Bibliografia dell'età del Risorgimento in onore di A. M. Ghisalberti*, Firenze, Olschki, 1971-1977, 3 voll. + 1 di indici.

Un aggiornamento della bibliografia cavouriana per il periodo 1970-2001 del Silvio La Salvia nel primo volume pp.307-10 della *Bibliografia dell'età del Risorgimento in onore di A. M. Ghisalberti*, Firenze, Olschki, 2003-2005, 3 voll. + 1 di indici.

カヴールの日記・書簡・議事録は次のものがある。

Camillo Cavour, *Diari (1833-1856)*, a cura di Alfonso Bogge, 2 voll., Roma, Ministero per i beni culturali ambientali, Ufficio centrale per i beni archivistici, 1991.

Camillo Cavour, *Epistolario*, a cura della Commissione nazionale per la pubblicazione dei carteggi del Conte di Cavour, Bologna-Firenze, Zanichelli-Olschki, 1962-, 15 volumi.

Camillo Cavour, *Discorsi parlamentari*, a cura di Alfonso Omodeo e Armando Saitta, Firenze, La Nuova Italia, 1932-75, 15 volumi.

Camillo Cavour, *Tutti gli scritti*, a cura di Carlo Pischedda e Giuseppe Talamo, Torino, Centro studi piemontesi, 1976-78, 4 volumi.

カヴールの評伝としては、イギリス人の歴史家デニス・マック・スミスやアメリカ人のハリー・ハーダー、ジャーナリストの書いたものがあるが、まずは上記のロメーオとカファーニャのもの二冊は必読である。

リソルジメント史のなかでのカヴールの評価などについて、下記の書物が有益である。

〈欧文〉

Alberto Banti, *Il Risorgimento italiano*, Roma-Bari, Laterza, 2004.

Federico Chabod, *Storia della politica estera italiana dal 1870 al 1896*, Bari, Laterza,1951.

Benedetto Croce, *Storia d'Europa nel secolo decimonono*, Bari, Laterza, 1943.

Luciano Cafagna, *Dualismo e sviluppo nella storia d'Italia*, Venezia, Marsillo, 1989.

Luciano Cafagna, *Stato e società nell'Italia liberale*, in AA.VV., *Lo Stato liberale italiano e l'età Meiji*, Atti del I convegno italo-giapponese di studi storici, Roma, Edizioni Dell'Ateneo, 1987（邦文も合本され、書名は『イタリアの自由主義国家と明治時代——第一回日伊歴史会議議事録』一九八五年九月二三日〜二七日、ローマ）.

William De La Rive, *Vita di Cavour*, trad.it., Milano, Rizzoli, 1951.

Ettore Passerin d'Entrèves, *L'ultima battaglia politica di Cavour*, Torino, ILTE,1956.

Guido De Ruggiero, *Storia del liberalismo europeo*, Bari, Laterza, 1925.

Franco Della Peruta, *Mazzini e i rivoluzionari italiani. Il "Partito d'azione" 1830-1845*, Milano, Feltrinelli, 1974.

Antonio Gramsci, *Il Risorgimento*, Torino, Einaudi, 1949.

Umberto Levra (a cura di), *Cavour, l'Italia e l' Europa*, Bologna, il Mulino, 2011.

Adolfo Omodeo, *L' opera politica del conte di Cavour (1848-1857)*, Milano-Napoli, Ricciardi, 1968.

Rosario Romeo, *Risorgimento e capitalismo*, Bari, Laterza, 1959.

Francesco Ruffini, *La giovinezza del Conte di Cavour*, Torino, Bocca, 1912, 2 volumi.

Giuseppe Talamo, *Cavour*, Roma, Gangemi, 1997.

Gian Enrico Rusconi, *Cavour e Bismarck. Due leader fra liberalismo e cesarismo*, Bologna, il Mulino, 2011.

Adriano Viarengo, *Cavour*, Roma, Salerno Editrice, 2010.

〈邦文〉

平田久『伊太利建國三傑』民友社、一八九二（明治二五）年。

シルヴィオ・ペリコ著、石川湧訳『獄中記』春秋社、一九三六年（公文社、一九五〇年）。

バンジャマン・コンスタン著、堤林剣・堤林恵訳『近代人の自由と古代人の自由・征服の精神と簒奪：他一篇』岩波文庫、二〇二〇年。

フランソワ・ギゾー著、安士正夫訳『ヨーロッパ文明史――ローマ帝国の崩壊よりフランス革命にいたる』みすず書房、二〇〇六年。

藤澤房俊『マッツィーニの思想と行動』太陽出版、二〇一一年。

藤澤房俊『「イタリア」誕生の物語』講談社選書メチエ、二〇一二年。

藤澤房俊『ガリバルディ――イタリア建国の英雄』中公新書、二〇一六年。

イタリアの鉄道については、山手昌樹の「鉄道」（土肥秀行／山手昌樹編著『教養のイタリア近現代史』ミネルヴァ書房、二〇一七年）。

アルベルト憲章発布の経緯と特徴については、高橋利安「アルベルト憲章と議院内閣制」（同右）。

関連年表

1810	8月10日	カヴール、トリーノで誕生
1814		ナポレオン退位
		ウィーン会議開催（～1815）
1815		ナポレオン、エルバ島を脱出、「百日天下」が始まる
		ミラーノ公国とヴェネツィア共和国を合体したロンバルド・ヴェーネト王国成立
		神聖同盟に、オーストリア、ロシア、プロイセンが調印
1816		ナーポリ王国とシチリア王国を合体した両シチリア王国の成立
		カヴール、トリーノの王立士官学校入学
1820		ナーポリでカルボネリーアによる立憲革命
1821		トリーノで大学生や軍人による立憲革命が失敗する
		カヴール、カルロ・アルベルト公の近習となる
1824		カヴール、サルデーニャ軍工兵部隊士官に任命
1826		カヴール、ヴェンティミーリアなどで要塞建設に従事
1828		カヴール、ジェーノヴァに転出
		カヴール、アンナ・ジュスティニアーニと出会う
1830		フランス、七月革命によってオルレアン家のルイ・フィリップが国王に即位

1831		中部イタリアにおける立憲革命
		マッツィーニ、マルセーユで「青年イタリア」を結成
		カヴール、除隊し、農業経営者となる
1833		マッツィーニ、サヴォイア侵入を企て、死刑判決を受ける
1835		カヴール、フランス、イギリスを旅行後、父親の農地を管理
1843		ジョベルティ、『イタリア人の精神的・文明的優位』を発行
1844		バルボ、『イタリアの希望』を発行
1846		ピウス9世の教皇即位
1847		ピエモンテで新聞検閲が緩和される
		カヴール、バルボと『リソルジメント』紙を発刊
1848	1月12日	パレルモ、立憲革命
	2月11日	ナーポリ、憲法発布
	2月22～26日	フランス、二月革命
	3月4日	トリーノ、アルベルト憲章を発布
	3月13日	ウィーン、革命が起こる
	3月14日	教会国家、ピウス9世、憲法を発布
	3月16日	トリーノ、バルボを首相とする内閣成立
	3月17日	ヴェネツィア、共和国の宣言
	3月18日	ミラーノ、ミラーノの五日間

	3月22日	ミラーノ、臨時政府成立
	3月23日	サルデーニャ王国、オーストリアとの戦争開始（第1次独立戦争）
	4月8日	サルデーニャ軍、ゴイトで、オーストリア軍を打破
		マッツィーニ、ミラーノに到着
	4月27日	サルデーニャ、第1回下院議員の選挙
	5月8日	サルデーニャ、第1回国会の開催
	5月31日	サルデーニャ軍、オーストリア軍のペスキエーラを占領
	6月10日	オーストリア軍、ヴィチェンツァを奪還
	6月26日	カヴール、補欠選挙で下院議員に選出
	7月4日	カヴール、最初の国会演説
	7月24日	サルデーニャ軍、クストーザでオーストリア軍に大敗
	8月6日	オーストリア軍、ミラーノに再入城
	8月8日	サルデーニャ、オーストリアとサラスコで休戦協定
	9月24日	トリーノ・モンカリエーリ間の鉄道が開通
	10月4日	サルデーニャ、公教育に関するボンコンパーニ法の公布
	12月10日	ルイ・ナポレオン、フランス共和国大統領に選出
1849	1月22日	サルデーニャ、下院議員の選挙で、オーストリア戦の再開を主張する勢力が勝利
	2月9日	ローマ共和国成立
	3月20日	サルデーニャ、カルロ・アルベルト、議会と民衆の反対を受けて、オーストリア

		との休戦を破棄
	3月23日	サルデーニャ軍、戦争を再開し、ノヴァーラでオーストリア軍に大敗
		カルロ・アルベルト王は退位、ヴィットーリオ・エマヌエーレ2世が即位
	3月24日	トリーノ、戦争継続を求める民衆の騒乱
	4月1日	ジェーノヴァ、戦争継続を求める共和主義者の騒擾
	4月3～5日	ジェーノヴァ、臨時政府が樹立されるが、ラ・マルモラ将軍率いる軍隊が弾圧
	7月6日	ローマ共和国、フランスの攻撃で降伏
	8月8日	サルデーニャ、オーストリアと講和条約締結
	8月23日	ヴェネツィア共和国、オーストリアの攻撃で降伏
1850	3月9日	サルデーニャ王国、聖職者の権利を制限するシッカルディ法を下院で承認
	4月8日	上院で承認
	10月12日	カヴール、農商務大臣に就任
1851	4月19日	カヴール、財務大臣に任命
	8月13日	サルデーニャ、すべての刑務所に初等学校を設置
	12月2日	フランス、ルイ・ナポレオンのクーデタ
1852	2月	カヴール、中道左派勢力と「コンヌービオ」
	5月7日	サルデーニャ、イタリア語をすべての大学で公用語とする。フランス語の使用はサヴォイアとヴァール・ダオスタの学生には認められた
	7月5日	サルデーニャ、民事婚法が下院にて承認。それをヴィットーリオ・エマヌエーレ

		2世は拒否
	10月21日	ダゼーリョ首相は辞任
	11月4日	カヴール、首相となる
	12月2日	フランス、皇帝ナポレオン3世即位
1853	2月	ロンバルド・ヴェーネト王国出身の亡命者の財産を没収する決定をしたことにたいして、カヴールはオーストリア政府に抗議
	7月	東方問題の発生
	10月18日	カヴール邸が飢饉による擾乱で民衆の攻撃を受ける
	12月	農民の騒乱は、聖職者や保守主義者に扇動されてヴァール・ダオスタにも拡大し、憲法の廃止や税の軽減などを要求
1854	2月20日	トリーノ・ジェーノヴァ間に鉄道開通
	3月	イギリス、フランス、クリミア戦争開始
	5月22日	トリーノ・スーザ間に鉄道開通
1855	3月11日	サルデーニャ王国、クリミア戦争に参戦
1856	2月25日	パリ講和会議
1857	8月	「イタリア国民協会」の設立
1858	1月14日	オルシーニのナポレオン3世暗殺未遂事件
	7月21日	プロンビエール密約
1859	1月10日	ヴィットーリオ・エマヌエーレ2世、国会で「苦悩の叫び」演説

	1月24日	サルデーニャ王国、フランスと軍事同盟を締結
	1月30日	サルデーニャ王女クロティルデとナポレオン公ジェロームの結婚式
	4月27日	サルデーニャ、オーストリアの武装解除の最後通告を拒否。サルデーニャ・フランス同盟軍、オーストリアとの戦争開始（第2次独立戦争）
	4月	フィレンツェで臨時政府成立
	6月9日	パルマで臨時政府成立
	6月12日	ボローニャで臨時政府成立
	6月13日	モーデナで臨時政府成立
	6月24日	ソルフェリーノ、サン・マルティーノの戦い
	7月11日	ナポレオン、オーストリアとヴィッラフランカの講和予備協定締結
	7月12日	カヴール、首相を辞任
	7月19日	ラ・マルモラ内閣成立
	11月10日	ロンバルディーアがサルデーニャ王国に併合
	11月11日	チューリヒ講和条約締結
1860	1月21日	カヴール、首相に復帰
	3月11～12日	中部イタリアの諸邦、住民投票でサルデーニャ王国併合を決定
	4月15、22日	サヴォイアとニッツァ、住民投票でフランスに割譲
	5月6日	ガリバルディ、千人隊を率いてシチリアに向けて出発
	5月11日	ガリバルディ、マルサーラに上陸

	5月14日	ガリバルディ、シチリアの独裁官宣言
	5月27日	パレルモを占領
	8月19日	ガリバルディ、イタリア本土に上陸
	9月7日	ガリバルディ、ナーポリに入城
	9月11日	サルデーニャ軍、教会国家に侵攻
	10月21～22日	南部イタリアとシチリア、住民投票でサルデーニャ王国へ併合
	10月26日	ガリバルディ、テアーノでヴィットーリオ・エマヌエーレ2世と出会う
	11月4～5日	マルケ・ウンブリア地方、住民投票でサルデーニャ王国へ併合
	11月7日	ガリバルディ、ヴィットーリオ・エマヌエーレ2世とナーポリに入城
1861	1月27日	国家統一後の最初の選挙
	3月17日	イタリア王国第1回議会、ヴィットーリオ・エマヌエーレ2世をイタリア王とするイタリア王国成立を宣言
	3月23日	イタリア王国初代首相カヴール内閣成立
	3月25日	カヴール、「首都ローマ」宣言
	6月6日	カヴール、死去。享年50歳

藤澤房俊（ふじさわ・ふさとし）

1943年，東京に生まれる．早稲田大学大学院博士課程修了．文学博士．東京経済大学名誉教授．

著書　『赤シャツの英雄ガリバルディ』（洋泉社，マルコ・ポーロ賞），『シチリア・マフィアの世界』（現在講談社学術文庫），『匪賊の反乱』（太陽出版），『「クオーレ」の時代』（ちくま学芸文庫），『大理石の祖国』（筑摩書房），『第三のローマ』（新書館），『ピノッキオとは誰でしょうか』（太陽出版），『マッツィーニの思想と行動』（太陽出版），『「イタリア」誕生の物語』（講談社選書メチエ），『ムッソリーニの子どもたち』（ミネルヴァ書房），『ガリバルディ』（中公新書），『地中海の十字路＝シチリアの歴史』（講談社選書メチエ）

訳書　スティーブン・ランシマン『シチリアの晩禱』（榊原勝共訳，太陽出版）

カヴール
イタリアを創った稀代の政治家

2021年8月24日　第１刷

〔著者〕
藤澤房俊

〔発行者〕
籠宮啓輔

〔発行所〕
太陽出版

〒113-0033　東京都文京区本郷 3-43-8-101
TEL 03（3814）0471　FAX 03（3814）2366
http://www.taiyoshuppan.net/
E-mail info@taiyoshuppan.net

装幀・DTP＝KMファクトリー
〔印刷〕株式会社 シナノ パブリッシング プレス
〔製本〕井上製本
ISBN978-4-86723-046-6

THE SICILIAN VESPERS:
A History of the Mediterranean World in the Later Thirteenth Century

シチリアの晩禱

13世紀後半の地中海世界の歴史

スティーブン・ランシマン＝著
榊原勝・藤澤房俊＝訳

名著『十字軍史』の著者ならではの
スケールとディテールで描き尽された、
西欧中世の転換期、地中海世界の
1250年代

*

ランシマンの歴史書、待望の完訳。
原著索引の1450項目（日英対照）を
再現。ほか地図・家系図など訳書独
目の図版多数。

四六判／560頁／上製／定価4,800円＋税

Giuseppe Mazzini, Pensiero e Azione

マッツィーニの思想と行動

藤澤房俊＝著

イタリアの独立と統一を実現した
リソルジメント運動は、マッツィーニの
思想と行動を抜きには語れない。
民族性に基づくヨーロッパの
調和と平和という彼の理念は
現代にも生き続けている。

＊

祖国と人類、特殊と普遍の調和というマッツィーニの基本理念を軸に、その思想と行動を論じる。年表・文献目録・人名索引付。

四六判／512頁／上製／定価5,000円＋税